RECOMMENDATION
추천의 글

　본서는 한국 사회와 한국교회의 새로운 미래에 대한 평화를 기독교적 관점에서 해석하려는 선교 신학적 시도다. 격동의 역사를 겪은 한국 사회가 분단과 분쟁, 그리고 평화통일 등 상황에 지대한 영향을 받고 있다는 점에서 한국교회의 평화 신학과 북한선교에 대해 그 담론을 다루고 있는 책이다. 선교학자로서 저자는 평화가 단지 통일을 이루기 위한 도구적 개념이 아닌 사랑과 정의를 통해서 창조 세계를 유지하는 평화의 나라인 하나님 나라 가치의 중심에 서 있다는 것을 말한다. 평화가 국경을 넘어 더 멀리까지 퍼져나가기를 바라며 이 책을 추천한다.

박광일 박사(성결대학교 이사장, 신광교회 담임목사)

　본서는 평화 신학을 근간으로 북한선교에 대한 한국교회의 현재 상황과 앞으로의 방향에 대하여 주목하고 있다. 저자는 평화를 제시하면서, 역사적 흐름에 따라 한국교회의 선교 열정이 북한선교에 어떻게 영향을 주는지 명쾌하게 풀어내고 있다. 또한 현대인이 북한의 현실을 객관적으로 이해할 수 있도록 풍부한 증거 자료를 제공하면서 아울러 한국교회가 북한선교와 평화통일에 어떻게 대비해야 하는지 설명해주고 있다. 우리의 동포이며 한인 디아스포라인 북한을 위하여 한국교회는 선교전략을 수립하고 인적, 물적 자원을 풍부히 지원하며 복음 증거를 준비해야 한다. 본서는 선교와 문화인류학 관점에서 모든 영역을 선교대상지로 보기 때문에 그에 따른 맞춤형 선교전략을 다루고 있다. 이 책은 평화를 꿈꾸는 모든 사람이라면 반드시 읽을 필독서이다.

김상식 박사(성결대학교 총장, 복된교회 협동목사)

　이수환 교수의 〈탈기독교시대 평화〉를 한국교회 목회자와 성도들에게 추천한다. 한반도 분단의 상황 속에서 평화는 너무나도 중요한 주제다. 이 주제에 대해 다학문적 접근을 통해 깊이 다루는 도서가 거의 없다시피 한 상황에서 이 교수의 이 저술은 너무나도 귀하다. 이 책은 성경적, 기독교 역사적, 문화인류학적, 종교 현상학적, 교육학적, 선교학적 관점에서 평화를 살펴보며, 평화가 무엇이고 얼마나 소중한 것인지를 설명한다. 이수환 교수는 한국 선교학계에서 왕성한 저술 활동을 하는 연구자다. 이 교수는 많은 바쁜 일정 속에서도 많은 저술 활동을 통해 한국교회 목회자와 성도들에게 꼭 필요한 지식을 나누고 있다. 이 교수는 학술적인 주제를 다루되, 비전문가도 읽기 쉽게 글을 쓰는 남다른 재능을 지녔다. 한국교회 목회자와 성도들에게 〈탈기독교시대 평화〉의 일독을 추천한다.

김한성 박사(아신대학교 선교학 교수, ACTS 신학저널 편집위원장)

탈기독교 시대를 살아가는 현대 한국인들, 특히 다음 세대에게 평화와 통일에 대한 이야기는 점점 희미해지고 있다. 이 책은 이러한 상황에서 평화와 통일에 대한 희망과 도전, 그리고 기독교 선교의 역할에 대한 신선한 시각을 제시한다. 이 책은 역사적 맥락부터 시작하여 문화인류학과 종교 현상적 관점을 아우르며 기독교적 성찰을 바탕으로, 평화 신학을 탐구한다. 기독교의 사명과 북한선교의 도전, 한국교회와 한인 디아스포라의 역할과 책임은 평화와 통일을 실현하기 위한 핵심적인 요소로 다뤄진다. 또한 이 책은 선교전략과 평화를 위한 효과적인 접근법에 대한 심층적인 분석을 제공하며, 평화와 통일을 향한 리더십과 비전에 대한 통찰력을 공유한다. 교회와 사회의 협력이 평화 이루기 위한 연대의 길을 열고, 평화와 통일을 향한 실천적 전략은 독자들에게 현실적인 해결책을 제시한다. 이 책은 평화와 통일을 위한 희망과 도약을 위한 선교 신학적으로 실용적인 지침과 미래를 위한 희망의 씨앗을 심어준다. 모든 사람들이 함께 걸어가는 평화의 길에 동참하고자 하는 분들에게 이 책을 적극적으로 추천한다. 짧은 추천사를 마무리하며 미소가 지어진다. 왜냐하면 저자의 평화에 대한 글은 단순한 연구물이 아닌, 온유한 성품에서부터 시작되었기 때문이다.

남성혁 박사(장로회신학대학교 선교학 교수, 한국실천신학회 서기)

〈탈기독교시대 평화〉라는 제목을 보았을 때 이 책이 '평화통일'에 관한 진부한 이야기인 줄 알았다. 그러나 책을 읽어 가면서 필자의 예상은 철저하게 빗나갔다. 이 책은 평화 신학의 흐름을 성경, 역사, 신학, 문화 인류학, 종교 현상학, 북한학, 한인 디아스포라, 교육, 선교 신학 등으로 일목요연 하게 진행해 놓았다. 무엇보다 분명하게 역사적으로 존재했던 목소리를 평화신학과 북한 선교로 연결한 탁월함에서 19년 동안 선교학을 가르쳐 온 저자의 경력을 고스란히 느낄 수 있기에 일독을 권한다. 나아가 이 책으로 인하여 평화 신학에 대한 학문적인 논의가 더 활발하게 이루어지기를 소망한다.

유해석 박사(총신대학교 선교대학원 주임교수, FIM 국제선교회 대표)

사랑과 평화를 대하는 자세는 위험한 양면성을 지닌다. 인류의 분쟁과 갈등을 해결할 수 있는 근본 처방의 기능을 수행하는 긍정적 측면과 함께 자칫 그 자체가 절대 이념으로 승화되어 다른 주요 요소를 함몰하는 부작용을 양산할 수 있는 까닭이다. 그런 차원에서 본 저술은 감성적 흥분에 휩쓸리지 않는 차분하고 객관적인 자세로 평화를 다루면서, 균형과 조화를 이루는 지혜로운 글쓰기 방식의 모범을 보인다. 구체적으로 저자는 성서와 교회사를 통한 평화의 본질을 서술하는 한편, 기독교 신학과 다양한 종교를 포함한 여러 영역의 관점을 융합하는 방식으로 독자들의 공정한 판단을 유도한다. 이와 같은 일련의 과정은 단순히 과거에 집중한 시각에 머무르지 않고, 미래를 준비하는 진취적인 관점을 상징한다. 그를 통해 말과 글로만 표현하는 평화가 아니라 삶과 행위로 구현되는 평화를 추구하며, 교회 안에서만 논의하는 평화 담론이 아니라 사회 전반으로 확대되는 평화운동을 지향한다. 저자의 이런 의도가 온전히 빛을 발하리라 확신하며, 향후 더 넓고 깊은 연구의 확장으로 나아가기를 기대한다.

조성호 박사(서울신학대학교 실천신학 교수, 한국기독교학회 서기, 신길교회 협동목사)

이수환 박사는 통전적인 선교신학자이다. 저자는 이 책에서 평화와 선교라는 묵직한 두 주제를 상호 밀착시키며 탁월하게 엮는다. 먼저 성서 신학적 측면에서 구약성경과 신약성경을 근거로 성경은 평화의 책임을 논증한다. 이어서 세계기독교 역사적 측면에서 초기 기독교에서부터 오늘에 이르기까지 평화의 개념을 역사적으로 고찰하여 정리한다. 또한 한국기독교 역사적 측면에서 한국기독교 역사 속에서 발생한 평화와 평화운동도 일목요연하게 약술한다. 기독교 윤리학적 측면에서 본회퍼의 신학을 평화 신학으로 집약한다. 문화인류학적 관점의 평화, 종교 현상학적 관점의 평화, 그리고 한인 디아스포라(북한)와 함께하는 평화에 대하여 새로운 관점들을 제시한다. 평화와 교육을, 평화와 선교를 상호 통섭하여 새로운 길을 모색하기도 한다. 저자의 비수는 평화선교를 위한 이론과 그 실행이라는 챕터에 숨겨있다. 남북 통합목회를 향한 새로운 비전 제시가 마음에서 떠나지 않고 메아리치게 된다. 남북 통합목회와 평화선교를 외치는 예언자적 호소에 이제는 독자가 귀를 기울일 차례이다.

차준희 박사(한세대학교 구약학 교수, 한국구약학연구소 소장, 한국구약학회 회장 역임)

〈탈기독교시대 평화〉 원고를 받고 오랫동안 펼쳐보지 못하다 숙제를 하듯 한 장 한 장 페이지를 넘기며 하나님의 사랑이 무엇인지, 그리고 선교가 무엇인지, 우리의 기도가 어디로 향해야 하는지 깊이 묵상하는 시간이었다. 이 땅에 모든 것이 주님의 것이고, 온 누리와 그 안에 살고 있는 모든 것도 주님의 것임을 고백하며 추천한다.

김양선 부장(CBS 기독교방송)

탈기독교시대 평화

탈기독교시대 평화

·**초판 1쇄 발행** 2024년 03월 25일

·**지은이** 이수환
·**펴낸이** 민상기
·**편집장** 이숙희
·**펴낸곳** 도서출판 드림북
·**인쇄소** 예림인쇄 **제책** 예림바운딩
·**총판** 하늘유통

·**등록번호** 제 65 호 **등록일자** 2002. 11. 25.
·경기도 양주시 광적면 부흥로 847 경기벤처센터 220호
·Tel (031)829-7722, Fax 0504-269-6969

평화신학과
북한선교를 중심으로
답하다

탈기독교시대 평화

이수환 지음

드림북

CONTENTS
차 례

PREFACE
서 문

2000년 6월 남북정상회담 이후, 북한은 남한 종교계 인사들의 방문을 허용했다. 안타깝게도 이명박 정부와 박근혜 정부 때, 남북관계는 많이 경색되어 기독교인들의 방북 또한 쉽지 않았다. 문재인 정부 이후, 3차례의 남북정상회담으로 남북은 당시 적대적 행위를 중단한 상태였다. 합의문 작성이 결렬되었지만 두 차례의 북미정상회담과 판문점에서 미국 트럼프 대통령과 김정은 국무위원장의 짧은 만남도 있었다. 앞으로 북핵 문제를 두고 북미 간 치열한 기 싸움과 협상 시의 난항이 있을 것이다. 이 과정이 험난해도, 유엔 제재로 남북교류가 획기적으로 활성화되지 않지만 한국교회와 그리스도인들은 평화와 북한선교의 사명까지 소홀히 여길 수는 없다.[1]

북한의 핵 실험으로 인해 한반도에 전쟁이 일어날지 모른다는

---

1 정지웅, "김일성 저작 집을 통해 본 북한의 기독교 인식과 대응 논리 연구", 「ACTS 신학저널」 40(2019), 426.

위기의식으로 고조된 시절이 있었다. 역설적으로 평화가 얼마나 소중한 가치를 지니고 있는지, 그리고 기독교의 궁극적인 가치가 평화라는 사실을 새삼 되새기게 해주는 때이기도 하다. 평화의 범주란 광범위하다. 개인의 심리적 편안함에서 우주적 조화까지 이어질 뿐만 아니라 특히 분단으로 인한 심각한 갈등을 넘어 통일과 그 이후 사회적 통합까지 이루어내야 하는 한반도다. 이 경우, 평화는 복잡하게 꼬인 정치 및 사회적 현실까지 반영해내야 한다. 복잡하고 어려운 과제인 동시에 필연적인 과제다. 이 모든 차원에서 평화는 폭력을 줄이는 과정으로 한반도의 평화를 이루기 위한 선교 신학적 징검다리가 되어야 할 것이다.[2]

한국 사회와 한국교회는 풍요로우나 빈부격차가 크지 않고 자유롭되 소통이 잘 되고 건전한 사회를 만드는 것이다. 매력 있는 사회로 만들어서 철이 자석에 이끌리듯 한인 디아스포라라 할 수 있는 북한이 저절로 우리 사회와 하나 되기를 원하는 민주적이고 보다 좋은 사회로 만드는 것이다. 가장 기본적이고 강력한 평화통일 준비임을 잊어서는 안 된다. 여기에 한국교회와 그리스도인들은 적극적으로 참여하며, 같은 한인 디아스포라인 남북 평화통합 동반자 목회를 위해 지도자들을 양성해야 한다.[3]

미국 예일대학교(Yale University) 교수였던 헨리 나우웬(Henri J. M.

---

2 한국문화신학회, 『평화의 신학』 (서울: 도서출판 동연, 2019), 6-7.
3 정지웅, "ACTS 신학과 통일: 교회연합운동과 교회회복운동을 중심으로", 「ACTS 신학저널」 52(2022), 198.

Nouwen, 1932~1996)은 평화의 정신을, "기독교인의 온전한 소명(a full-time vocation)이다"라고 말했다.[4] 더욱이 한인 디아스포라와 통일문제에 있어서 만큼은 기독교 사랑의 정신을 바탕에 두고 남남 간, 그리고 남북 간 합의를 이루는 데 힘을 보태야 한다.[5] 이에 대하여 인류뿐만 아니라 한반도는 분열과 갈등을 넘어 조화로운 공동체 가치를 구체화 시키는데 한반도 평화와 통일 및 미래의 한인 디아스포라 선교를 준비하며 다양한 평화와 통일을 위한 방안들과 선교전략을 토의해야 할 것이다.

이 책에 추천의 글을 써 주신 분들께 많은 감동을 받았다. 부족한 원고를 출판해 주신 도서출판 드림북 민상기 대표님께 진심으로 감사드리며, 끝으로 응원과 격려로 함께 해 준 무명의 후원자분에게도 감사를 전한다. 그리고 과거와 현재, 앞으로도 주님께 감사와 찬양을 올려드린다.

2024년 3월
성결대학교에서
이수환

---

4 Henri Nouwen, *The road to peace* (New York: Orbis Books, 1998), 7.
5 정지웅, "ACTS 신학과 통일: 교회연합운동과 교회회복운동을 중심으로", 198.

01

●

평화의 책, 성경

최근 한국 사회에서 평화는 중요한 화두다. 6.25 전쟁의 발발과 재난, 그 이후 전개된 남북 간의 군사적 대결을 경험하면서 평화의 이상이 심화되었다. 특히 북한의 핵 실험과 더불어 군사적 위협이 심화되고 있는 현실에서 평화는 우리 시대의 과제다.[1] 지구상에서 유일하게 분단국가로 남아 온갖 고통을 겪고 있는 우리 민족이다. 한반도의 통일은 멀게만 느껴진다. 통일은 이 시대를 살아가는 한반도의 염원이자 시대적 사명이라 말할 수 있겠다.[2] 평화가 의미하는 통일의 내용은 문화와 시대, 공간에 따라 다르게 규정되어 왔다. 서양 문화는 대체로 평화를 전쟁 없는 상태로서 질서 유지, 즉 외향적, 정치적인 태도와 주로 결부시켜 규정지었다. 동양 문화는 미움을 품지 않은 마음의 편안함이라는 내향적, 비정치적인 태도로 규명했다.[3] 그러나 성경에서 말하는 평화와 정치에서 말하는 평화는 다르다. 그리스도인들은 성경에서 말하는 평화를 이루는 자다.[4]

　미국 듀크대학교(Duke University) 신학과 윤리학 교수였던 스탠리 하우어워스(Stanley Hauerwas, 1940~)는 이런 "평화는 사람들 사이에만 적용되는 것이 아니라 사람들과 세상 사이에도 적용된다. 진정한 종말론적 평화는 태초의 평화를 다시 열기 때문이다"라고 말했다.[5] 그러므로 생명을 보호하는 일에 대한 그리스도인의 헌신은 종말론

1 이상규, 『우리에게 평화를 주소서』 (서울: SFC출판부, 2011), 9.
2 총신대학교 평화통일연구소, "한국교회의 남북통합목회에 관한 연구", 「2022년 전반기 국내학술대회」 (2022, 6), 1.
3 김현웅, 『북한 선교 전략』 (전주: 전주대학교 출판부, 2001), 198.
4 정종기, 『북한선교개론』 (양평: 아신대학교출판부, 2019), 15.
5 Stanley Hauerwas, 『평화의 나라』, 홍종락 역 (서울: 비아토르, 2021), 194.

적 평화의 태도다.[6] 하나님은 우리를 한반도에서 태어나게 하셨다. 한반도에서 신앙생활의 이유는 하나님이 한반도를 우리에게 맡기셨다는 뜻이다.[7] 한반도는 평화의 문제를 정치, 사회, 문화, 인간 세상의 전반에 걸쳐 가져야 할 하나님 나라의 가치로서 정의로운 비전을 제시하는 평화에 대한 성경적 이해에 대해서 살펴보자.

1. 구약성경, 평화의 복

성경에서 말하는 평화는 포괄적인 평화요 하나님이 우리에게 가져다주는 평화를 말한다. 평화는 하나님이 창조하신 모든 삶에서 그와의 관계로 갖는 거룩이다. 평화는 삶을 부여하는 하나님과 사귐과 다른 인간과 다른 창조물과의 사귐에 있어서 축복된 삶이다. 평화란 하나님과 이웃 인간과 다른 창조물과의 평화를 말한다. 평화는 보편적이고 지속적이다. 그러나 평화는 이 세상에서 온전히 이루어지지 못한다.[8] 하지만 평화의 하나님은 분단의 허용과 극복의 주체자이시며, 분단 해결의 절대주권을 가지고 계신다.

감리교신학대학교 기독교 윤리학 교수 유경동은 평화의 사상이, "구약성경 전체에 걸쳐 하나님과의 관계성 회복이라는 맥락에서

---

6 Stanley Hauerwas,『평화의 나라』, 196.
7 정종기,『북한선교개론』(양평: 아신대학교 출판부, 2019), 15.
8 김영한,『개혁주의 평화통일신학』(서울: 숭실대학교출판부, 2012), 261-262.

이해될 수 있다. 평화는 매우 광범위한 의미를 지니며, 어떤 경우에는 다소 애매모호하게 사용되기도 한다. 기본적으로 평화는 행복(well-being)을 의미하며, 구원을 암시하고, 민족의 번영을 강조하기도 한다"라고 말했다.[9]

평화를 구약성경에서는 히브리어로 '샬롬'(שָׁלוֹם)이라 부른다. 구약성경에서 이 말과 관련된 단어가 482회나 사용되었다. 근본적으로 '샬롬'(shalom), 평화는 "완전함", "온전함"을 뜻한다. 평화란 어떤 부분도 결여되거나 부족하거나 손상되지 않는 상태를 말한다. 모든 부분이 완전한 조화와 질서, 통일을 이루고 있는 상태를 뜻한다. 그러므로 신체적 상태와 관련하여 사용될 때, 평화는 몸이 완전한 상태에 있다는 것을 의미한다.[10] 물질적 상태와 관련하여 사용될 때, 평화는 번성, 풍요, 풍년을 의미한다. 인간관계와 관련하여 사용될 때, 평화는 관계의 온전함, 우의와 화평한 관계를 말한다. 공동체와 관련하여 사용될 때, 평화는 공동체의 온전성과 화합을 뜻한다. 그러므로 평화의 반대말은 전쟁이나 분쟁이 아니다.[11] 평화의 반대는 완전함의 파괴요 조화와 화합의 붕괴이다. 평화는 정의와 내적으로 연결되어 있다.[12]

구약성경에서 평화는 메시아의 통치가 가져다주는 복의 한 부분

9 유경동, 『남북한 통일과 기독교의 평화』 (서울: 도서출판 나눔사, 2012), 158.
10 김현웅, 『북한 선교 전략』, 199.
11 김영한, 『개혁주의 평화통일신학』, 56-57.
12 Nicholas Wolterstorff, *Until Justice and Peace Embrace* (Grand Rapids: Eerdmans, 1987), 70.

이다. 평화는 메시아니즘과 연결된다. 메시아니즘은 하나님께서 언젠가 모든 것을 새롭게 하고, 악을 씻어내고, 모든 인간의 갈망을 성취할 것을 신뢰하는 것이다. 메시아니즘과 평화의 갈망을 분리 불가능하게 묶은 것은 예언자 운동이다. 예언자의 역할은 이스라엘이 직면한 위협의 본질과 목적을 설명하는 것이다. 외부의 적대적 위협은 이스라엘을 고치고, 정화하고, 하나님을 참되게 섬길 수 있는 상태로 되돌리는 도구가 된다. 예언자들은 평화가 하나님과의 연대를 새롭게 함으로 주어지는 것임을 역설한다. 이 평화는 모든 피조물 세계로까지 확장된다. 즉 평화는 전쟁과 다툼으로부터의 자유라는 차원을 넘어서서 하나님과 인간과 모든 피조물 사이에 존재하는 긍정적 연대로 이 모두를 결합하는 것이다. 평화는 단지 전쟁만이 아니라 타락의 결과인 모든 공격성과 경쟁심들이 초월 된 상태다. 그러기에 예언자들이 언급한 평화는 반드시 회개를 전제한다.[13] 이러한 평화가 인간이 하나님과 자신과 이웃과 자연과의 관계에 있어서 온전하고 화평한 삶을 이루는 상태이다.[14]

첫째, 평화는 하나님과 올바른 관계를 나타낸다. 구약성경의 예언자들이 평화를 말할 때 이스라엘은 하나님의 도(道)에 거할 뿐만 아니라 하나님만을 섬기게 될 때를 언급하고 있다. 이사야 26:3-4에서 "주께서 심지가 견고한 자를 평강하고 평강하도록 지키시리

---

13 Henry Wansbourgh, "Blessed are the Peacemakers", *The Way* 22 (1982, 1), 11-12.
13 Henry Wansbourgh, "Blessed are the Peacemakers", *The Way* 22 (1982, 1), 11-12.
14 김영한, 『개혁주의 평화통일신학』, 57-58.

18 탈기독교시대 평화

니 이는 그가 주를 신뢰함이니이다 너희는 여호와를 영원히 신뢰하라 주 여호와는 영원한 반석이심이로다"라고 언급했다. 하나님과 올바른 관계에서 하나님은 이스라엘에 평화를 주셨다. 하나님과 올바른 관계는 의로운 삶을 나타낸다(사 26:7).[15] 평화는 신앙 안의 공동체에서 구현되는 것이다.

둘째, 평화는 다른 인간과 조화롭고 화목한 관계를 나타낸다. 공동체의 화목과 조화란 공동체 속에 정의가 지배할 때 이루어진다. 이사야는 예루살렘의 몰락과 관련해 평화의 부재가 정의의 부재에서 오는 것으로 말한다(사 1:21).[16] 이사야는 예루살렘의 회복과 구속을 정의의 회복과 관련해 말한다(사 32:16-17).[17] 평화는 윤리적 공동체에서 구현된다. 만일 개인이 공동체 속에서 자기의 직분을 박탈당해 누리지 못하게 되면 그 공동체의 평화는 깨어지게 된다. 평화는 정의롭지 못한 공동체의 상황에서는 상처를 입게 된다. 평화는 그 공동체의 구성원 모두가 다 같이 자기 몫을 누리게 될 때 보장된다. 이러한 공동체는 정의로운 공동체이며, 평화의 공동체인 것이다.

마지막으로 셋째, 평화는 자연과 조화로운 관계를 나타낸다. 이사야는 메시아의 통치를 통해 자연과의 평화를 묘사한다(사 11:6-

15 "의인의 길은 정직함이여 정직하신 주께서 의인의 첩경을 평탄하게 하시도다"(사 26:7).

16 "신실하던 성읍이 어찌하여 창기가 되었는고 정의가 거기에 충만하였고 공의가 그 가운데에 거하였더니 이제는 살인자들뿐이로다"(사 1:21).

17 "그 때에 정의가 광야에 거하며 공의가 아름다운 밭에 거하리니 공의의 열매는 화평이요 공의의 결과는 영원한 평안과 안전이라"(사 32:16-17).

9).[18] 자연 속에서 평화가 지배하게 될 때 자연 세계에서 출발하여 이웃 인간과 바른 관계로 나가며 자연에 대한 책임 있는 관리자가 되는 것이다. 자연에 대한 책임은 인간이 자연의 주인이 아니라 자연의 관리자라는 사실을 아는 것이다. 이러한 책임은 자연을 착취하는 것이 아니라 자연이 스스로 지탱할 수 있도록 자연을 관리하는 것이다.

평화는 이러한 올바른 관계를 향유 하는 것이다. 평화에서 살아감은 하나님 앞에서 바른 삶을 향유 하는 것이다. 그 자신과의 바른 관계의 삶을 향유하고 그의 동료와의 삶을 온전히 조화롭게 향유 하는 것이다. 그의 자연환경과 바르고 온전한 관계를 향유 하는 것이다.[19] 고신대학교 역사신학 교수였던 이상규는 평화에 대한 구약성경의 견해에 대하여, "구약에서 평화를 의미하는 샬롬이라는 말은 전쟁이 없는 상태만을 의미하지 않고 안녕, 건강, 평안, 복지 등을 포함하는 보다 포괄적 개념임을 알 수 있다"라고 말했다.[20] 고대 헬라인들과 로마인들은 평화를 인격화하거나 신격화하기도 했다. 하지만 히브리인들은 평화를 하나님의 선물로 이해했으며(레

---

18 "그 때에 이리가 어린 양과 함께 살며 표범이 어린 염소와 함께 누우며 송아지와 어린 사자와 살진 짐승이 함께 있어 어린 아이에게 끌리며 암소와 곰이 함께 먹으며 그것들의 새끼가 함께 엎드리며 사자가 소처럼 풀을 먹을 것이며 젖 먹는 아이가 독사의 구멍에서 장난하며 젖 뗀 어린 아이가 독사의 굴에 손을 넣을 것이라 내 거룩한 산 모든 곳에서 해 됨도 없고 상함도 없을 것이니 이는 물이 바다를 덮음 같이 여호와를 아는 지식이 세상에 충만할 것임이니라(사 11:6-9).

19 Nicholas Wolterstorff, *Until Justice and peace Embrace*, 70.

20 이상규,『우리에게 평화를 주소서』, 20.

26:6),[21] 진정한 평화는 메시아의 강림으로 이루어지는 것으로 보았다.[22] 한세대학교 구약학 교수 차준희는 구약성경의 평화에 대하여, "하나님은 천상의 영역에서만 머물러 계시지 않고 지상의 영역으로 내려오셔서 자기 백성에서 힘과 평강의 복을 주신다(시 29:11). 참 평화는 하나님에서부터 온다"라고 말했다.[23] 하나님은 그분에게 영광을 돌리는 자에게는 평화의 복을 주신다.

2. 신약성경, 평화의 복음

평화의 가르침은 신약성경에서 더욱 분명하다. 신약성경의 저자들은 계속해서 하나님을 평화의 하나님으로 부른다. 일상적인 복음을 평화의 복음이라고 말한다.[24] 신약성경은 근본적으로 예수 그리스도를 평화의 왕으로, 교회를 종말론적 평화공동체로 제시한다.[25] 신약성경은 히브리어 구약성경의 평화가 갖는 행복을 의미한다. 헬라어에 끌어들여 '에이레네'(εἰρήνη)[26]라는 말로 대체했다.

----

21 "내가 그 땅에 평화를 줄 것인즉 너희가 누울 때 너희를 두렵게 할 자가 없을 것이며 내가 사나운 짐승을 그 땅에서 제할 것이요 칼이 너희의 땅에 두루 행하지 아니할 것이며"(레 26:6).
22 이상규, 『우리에게 평화를 주소서』, 42-43.
23 차준희, 『시인의 영성 1』(서울: 새물결플러스, 2021), 278.
24 Alan Kreider & Eleanor Kreider, 『평화교회』, 고영욱 · 김경중 역 (서울: 대장간, 2021), 32.
25 이상규, 『우리에게 평화를 주소서』, 41.
26 마 5:9; 10:12-12, 막 5:34, 눅 1:79; 2:14; 2:29, 요 14:27; 16:33, 행 7:26,

'에이레네'는 '평화'(peace), '조화로운 상태', '행복한 상태'를 의미한다.[27] 이러한 평화는 인간의 원죄로 말미암아 깨어졌다. 인간의 원죄는 하나님의 말씀에 대한 불순종이요 하나님과 같이 되려고 하는 교만이다. 인간은 교만으로 인해 인간과 하나님 사이의 창조 본연의 조화로운 관계가 멀어졌다. 인간은 하나님으로부터 평화하지 못하고 소외되었다.[28]

이러한 창조 세계의 깨뜨려진 평화의 회복을 위해 오신 분이 예수 그리스도이시다. 예수님은 평화의 왕으로 오셨다(눅 2:14). 평화를 가르치셨다는 점은 아무도 부인하지 않는다. 수태고지(受胎告知, 눅 1:26-38) 후 사가랴의 예언(눅 1:78-79)[29]에서도 예수님은 자신의 백성을 평화의 길로 인도하실 거라 말씀하셨다. 예수님의 탄생을 말할 때도 "가장 높은 곳에서는 하나님께 영광이요, 땅에서는 주께서 기뻐하시는 사람들의 평화(εἰρήνη)로다"라고 말씀하셨다(눅 2:14).[30] 하나님은 자신의 독생자를 이 세상 평화의 회복을 위해 이 세상에 보내셨다. 나사렛 예수님은 인간의 몸을 입고 오신 평화의 하나님이

9:31; 12:30; 24:2, 롬 5:1, 엡 2:15 참고하라.

27 Frederick W. Danker, 『신약성서 그리스어 사전』, 김한원 역 (서울: 새물결 플러스, 2017), 186. '에이레네'는 특히 공동 목표에 있어 다른 사람을 용인하는 것과 관련한 개인 간의 관계에 초점을 맞춘 평화로운 상태를 의미한다 (마 10:34, 롬 3:17, 갈 5:22, 엡 4:3, 히 13:14).

28 김영한, 『개혁주의 평화통일신학』, 59.

29 "이는 우리 하나님의 긍휼로 인함이라 이로써 돋는 해가 위로부터 우리에게 임하여 어둠과 죽음의 그늘에 앉은 자에게 비치고 우리 발을 평강의 길로 인도하시리로다 하니라"(눅 1:78-79).

30 이상규, 『우리에게 평화를 주소서』, 43.

시다. 동시에 우리의 평화를 위한 속죄 제물이 되셨다.[31] 바울은 로마서 5장 10절에서 "곧 우리가 원수 되었을 때에 그의 아들의 죽으심으로 말미암아 하나님과 화목하게 되었은즉 화목하게 된 자로서는 더욱 그의 살아나심으로 말미암아 구원을 받을 것이니라"라고 증거 했다. 예수 그리스도는 화해의 사역을 통하여 하늘과 땅에 평화를 회복하셨다.[32]

공생애를 시작한 이후, 예수님은 평화를 가르치셨다. 그분은 무력이나 폭력을 거부하고 이웃 사랑의 실천을 가르치셨다. 사랑으로 행하되 "원수까지도 사랑하라"(마 5:44, 눅 6:27-28)[33]는 평화의 가르침이다. "네 원수를 미워하라"(마 5:43)[34]는 전혀 다른 새로운 평화의 가르침이다.[35] 평화의 가르침인 마태복음 5장 9절 산상수훈(山上垂訓)에서 예수님은 "화평하게 하는 자는 복이 있나니 그들의 하나님의 아들이라 일컬음을 받을 것이요"라고 말씀하셨다. 기독교인의 존재는 '평화를 만들어가는 사람들'(peacemakers)이다. 그러니 핵전쟁의 위협 속에서 예배와 복음을 전하는 일은 교회의 분열을 치유하는 일, 범세계적인 가난과 굶주림을 완화 시키는 일, 인권을 변호

---

31 김영한, 『개혁주의 평화통일신학』, 60.
32 김영한, 『개혁주의 평화통일신학』, 60.
33 "나는 너희에게 이르노니 너희 원수를 사랑하며 너희를 박해하는 자를 위하여 기도하라"(마 5:44).
   "그러나 너희 듣는 자에게 내가 이르노니 너희 원수를 사랑하며 너희를 미워하는 자를 선대하며"(눅 6:27-28).
34 "또 네 이웃을 사랑하고 네 원수를 미워하라 하였다는 것을 너희가 들었으나"(마 5:43).
35 이상규, 『우리에게 평화를 주소서』, 43.

하는 일과 결코 분리된 일이 아니다.[36] 이 모든 일은 평화를 만드는 일인 것이다.

평화의 예수 그리스도는 사랑의 평화이다. 요한복음 14장 27절에서 "평안을 너희에게 끼치노니 곧 나의 평안을 너희에게 주노라 내가 너희에게 주는 것은 세상이 주는 것과 같지 아니하니라 너희는 마음에 근심하지도 말고 두려워하지도 말라"며 예수 그리스도는 이 사랑의 평화를 이 세상에 주신다.[37] 숭실대학교 기독교학과 명예교수 김영한은 평화의 이념을, "힘의 평화가 아닌 사랑의 평화가 기초해야 한다"라고 말했다.[38] 예수님의 치유 활동도 하나님 나라의 평화를 의미한다. 사복음서에서 3,779개 구절 중 727개 구절은 질병과 치유와 관련된다. 예수님의 병 고침은 인간의 고통에 대한 사랑과 자비의 표이다. 동시에 종말론적 평화로서 그리스도 안에서 누리는 안식, 자유, 평안을 보여 주는 것이다.[39]

예수님은 제사장의 기도에서 평화의 복음을 전하셨다. 요한복음 14장 27절을 보면, "내가 너희에게 주는 것은 세상이 주는 것 같지 아니하리라"에서 예수님이 가져온 평화는 세상에 주는 평화와 다르다. 이 표현은 로마제국의 억압적 군사통치인 '팍스 로마나'(Pax Romana, 로마의 평화), 곧 무력이나 군사적 우위에 의해 이루어지는 평화가 아니다. 이것은 인간들 사이의 사랑과 우의가 넘치는 진정한

---

36 한국문화신학회,『평화의 신학』, 123.
37 김영한,『개혁주의 평화통일신학』, 61.
38 김영한,『개혁주의 평화통일신학』, 61.
39 이상규,『우리에게 평화를 주소서』, 45.

평화라고 묘사한다.[40]

예수의 평화(Pax Christ)는 사랑과 자비에 기초한 평화였다. 성공회대학교 조직신학 교수였던 손규태는 "예수가 가져온 평화는 세상이 주는 로마의 평화가 아니라 근심과 걱정을 사라지게 하는 평화라는 말이다. 즉 예수가 주는 평화란 정치적 갈등과 전쟁, 억압의 굴레에서 벗어나고 경제적 곤궁과 결핍을 극복한 삶의 형식으로서의 안정이다"라고 말했다.[41] 평화의 왕으로 오신 예수님은 십자가의 피로 평화를 이루셨다(골 1:20). 원수진 자들 사이의 담을 허시고 하나가 되게 하셨다(엡 2:13-18). 이로써 예수님의 탄생과 가르침, 그분의 십자가의 죽음과 부활은 우주적인 평화의 기초가 된다. 그래서 베드로는 이방인 고넬료에게 하나님의 말씀을 소개하면서 복음의 핵심을 예수 그리스도를 통한 '평화의 복음'이라 했다(행 10:36). 예수님은 지상에서 사역을 마감하시고 예루살렘으로 입성하실 때도 누가는 예수님을 평화의 왕으로 불렀다(눅 19:38). 평화는 오늘 우리에게만이 아니라 당시 예수님의 청중이었던 유대인들에게도 절박한 현안이었다. 평화가 메시아적 소망이었던 이런 시대에 예수 그리스도는 폭력이나 전쟁에 기초하지 않는 사랑과 평화의 윤리를 가르친 평화의 왕이셨다.[42]

평화는 바울에게도 중요한 개념이었다. 바울은 선교지 교회로

---

40 손규태, 『한반도의 그리스도교 평화윤리』 (서울: 도서출판 동연, 2018), 6.
41 손규태, 『한반도의 그리스도교 평화윤리』, 6.
42 이상규, 『우리에게 평화를 주소서』, 46-47.

보내는 편지에서 그들을 위해 '은혜'(χάρις)와 '평화'(εἰρήνη)를 기원했다. 그는 예수 그리스도께서 죄인을 위하여 이루신 구원의 역사를 하나님과 사람 사이의 적대관계가 해소되고 바른 관계가 회복된 평화를 가르쳤다.[43] 바울은 하나님을 '평화의 하나님'(θεός τῆς εἰρήνη) 이라고 불렀다.[44] 바울은 하나님과 사람 사이의 평화만이 아닌 사람과 사람 사이에서도 평화를 가르쳤다.[45] 예수 그리스도는 평화를 만드는 분이시라 적대적인 인종 집단인 유대인과 이방인 사이의 담을 허셨다. 그분은 그리스도 안에서 둘을 화해하게 하셔서 하나가 되게 하신다. 바울은 평화를 만드신 예수 그리스도가 인종적인 차별뿐만 아니라 사회 신분상의 차별, 곧 자유인이든 노예이든, 성적인 차별, 곧 남자이든 여자이든 복음 안에서는 구별이 없다고 가르쳤다.[46] 바울은 "할 수 있거든 너희로서는 모든 사람과 더불어 화목하라"라고 권고했다(롬 12:18).[47]

평화의 사도 바울은 로마서 1장 서두에서 자신이 로마에 가고자 하는 의도를 밝혔다. 그 의도는 그가 다른 지역에 있는 사람들에게 복음을 전했던 것처럼 로마에 있는 사람들에게도 복음을 전하기

---

43 롬 3:24-25; 5:1; 5:10, 고후 5:18-21 참고하라.

44 롬 15:33; 16:20, 고전 14:33, 고후 13:11, 빌 6:15, 살전 5:23, 히 13:20 참고하라.

45 이상규, 『우리에게 평화를 주소서』, 46-49.

46 이상규, 『우리에게 평화를 주소서』, 50.

47 개역 개정 로마서 12장 18절을 북한 성경인 『세기의 력사』(평양출판사, 2003년)에서 이렇게 표현한다. "여러분의 힘으로 되는 일이라면 모든 사람과 평화롭게 지내십시오"(롬 12:18).

위한 것이다. 그 이유를 로마서 1장 16절[48]과 17절[49]에서 설명하며, 18절[50]에서부터 내용을 전환하여 '하나님의 진리'를 말하고, 3장 21절[51]에서 다시 '하나님의 의'를 말한다.[52] 바울은 아직 자신으로부터 직접 복음을 듣지 못한 이들에게 율법 아래 있는 것, 복음 아래 있는 것의 차이를 자세하게 설명한다. 이 차이를 알지 못하는 사람은 그 차이에 따른 마음의 상태를 알지 못한다. 하지만 일단 그 차이를 알게 되면 마음의 상태가 어떻게 달라지는지 알게 된다. 그 차이에 대한 상태를 바울은 구약성경을 풀어가며 제시한다.[53]

그 차이를 깨닫기 전에 가졌던 마음의 상태는 그 차이를 깨닫고 난 후 완전히 다른 마음에 이르게 된다(롬 7:9-10).[54] 이를 두고 바울은 7장 24절에서 "오호라 나는 곤고한 사람이로다 이 사망의 몸에서 누가 나를 건져내랴"라고 탄식한다. 이 구도는 예수님 안에 거

---

48 "내가 복음을 부끄러워하지 아니하노니 이 복음은 모든 믿는 자에게 구원을 주시는 하나님의 능력이 됨이라 먼저는 유대인에게요 그리고 헬라인에게 로다"(롬 1:16).
49 "복음에는 하나님의 의가 나타나서 믿음으로 믿음에 이르게 하나니 기록된 바 오직 의인은 믿음으로 말미암아 살리라 함과 같으니라"(롬 1:17).
50 "하나님의 진노가 불의로 진리를 막는 사람들의 모든 경건하지 않음과 불의에 대하여 하늘로부터 나타나나니"(롬 1:18).
51 "이제는 율법 외에 하나님의 한 의가 나타났으니 율법과 선지자들에게 증거를 받은 것이라"(롬 3:21).
52 한국문화신학회,『평화의 신학』, 65.
53 한국문화신학회,『평화의 신학』, 65.
54 "전에 율법을 깨닫지 못했을 때에는 내가 살았더니 계명이 이르매 죄는 살아나고 나는 죽었도다 생명에 이르게 할 그 계명이 내게 대하여 도리어 사망에 이르게 하는 것이 되었도다"(롬 7:9-10).

하면서 다시 한번 분열의 과정을 겪는데 로마서 8장 1~2절[55]은 그 것을 잘 보여 주는 예라고 하겠다. 바울은 예수님 안에 있는 생명의 성령 법에 따른 정신의 질서를 말했다. 육과 영을 잇는 마음의 상태는 우선 율법의 개입과 예수님 안에 있는 생명의 성령 법에서 비롯된다. 이를 통해 우리는 평화가 어디서 올 수 있는지를 볼 수 있는 것이다.[56]

바울의 편지에는 평화라는 말이 유독 많이 나온다. 특히 인사말을 할 때는 예외 없이 평화를 기원하고 있다(살전 1:1, 갈 1:3, 고전 1:3).[57] 이는 유대인의 인사 습관에서 영향을 받은 것으로 보이고, 예수님도 같은 인사말을 사용했다. 제자들은 유대인들이 두려워 문을 모두 잠가 놓고 있었다. 요한복음 20장 19절에서 예수님은 "이 날 곧 안식 후 첫날 저녁 때에 제자들이 유대인들을 두려워하여 모인 곳의 문들을 닫았더니 예수께서 오사 가운데 서서 이르시되 너희에게 평강이 있을지어다"라고 그들에게 말씀하셨다. 실제로 평화는 간단한 말 한마디였다. 한 가지 고려할 점은 평화와 은총이 묶여있

---

55 "그러므로 이제 그리스도 예수 안에 있는 자에게는 결코 정죄함이 없나니 이는 그리스도 예수 안에 있는 생명의 성령의 법이 죄와 사망의 법에서 너를 해방하였음이라"(롬 8:1-2).
56 한국문화신학회, 『평화의 신학』, 65-66.
57 "바울과 실루아노와 디모데는 하나님 아버지와 주 예수 그리스도 안에 있는 데살로니가인의 교회에 편지하노니 은혜와 평강이 너희에게 있을지어다"(살전 1:1).
"우리 하나님 아버지와 주 예수 그리스도로부터 은혜와 평강이 있기를 원하노라"(갈 1:3).
"하나님 우리 아버지와 주 예수 그리스도로부터 은혜와 평강이 있기를 원하노라"(고전 1:3).

는 것이다. 평화와 은총은 유대인에게 없는 인사말로 바울이 처음 사용했는데 이를 통해 평화가 어디에서 오는지가 분명해진다.[58]

정리하면, 신약성경에서 평화는 평화의 왕인 예수 그리스도를 통하여 이루어진다. 예수의 치유와 회복의 기적들은 평화의 시작을 의미한다. 마태는 주로 형제간의 평화로운 관계, 즉 수평적 평화를 말한다. 반면, 누가의 평화 개념은 주로 하나님과 인간의 화목을 말하는 수직적이다. 바울의 평화는 하나님께로 오며, 구원의 모든 복을 축약한 용어다. 바울은 수평과 수직의 평화 모두를 말한다. 로마서의 평화는 인간을 하나님에게서 분리하는 장애물을 극복하는 것이다. 이것은 예수 그리스도의 복종으로 획득되고 각 사람이 믿음으로 얻게 된다. 고린도전후서의 평화는 수평적 평화다. 에베소서의 평화는 수직과 수평의 평화 모두를 말한다. 예수 그리스도께서 파스카(유월절)의 신비를 통해 하나님과 인간 사이의 평화를 이루시고, 유대인과 이방인을 한 새 사람으로 결합한다. 히브리서와 요한계시록은 평화가 종말의 한 측면임을 말한다. 하늘의 도성 예루살렘 안에는 평화의 비전이 있다.[59]

---

58 한국문화신학회,『평화의 신학』, 151-152.
59 Henry Wansbourgh, "Blessed are the Peacemakers", 14-16.

●●●

결과적으로, 성경의 평화에 대해서 살펴보았다. 2016년 새해 벽두 한반도에서 북한의 핵 실험과 미사일 발사, 이어서 개성 공단 폐쇄, 사드 배치 문제 등으로 보수적 기독교 단체와 진보적 기독교 단체는 서로 입장을 달리하는 성명을 발표했다. 여전히 차이 정도는 해소하지 못해 참으로 안타까운 일이다. 그런데 하나님은 보수주의자들만의 하나님도, 진보주의자들의 하나님도 아니다. 빈곤과 소외, 환경과 평화는 진정한 기독교의 이슈다. 한국의 기독교인과 단체들은 상황이 어려워질수록 더욱 화합과 평화의 촉진자 역할을 해야만 한다. 하나님은 진정 평화롭게 살 수 있는 민족에게 통일을 주실 것이다.[60]

이러한 평화의 비전은 구약성경과 신약성경의 중요한 주제다. 하나님과 화해를 통해 이룩되는 평화의 복음은 사람 사이의 담을 허시고, 하나가 되게 하신다는 점을 강조한다. 예수님은 무력이나 폭력을 의지하지 않으시고 십자가의 길을 가셨고, 제자들에게도 검을 사용하지 못하게 하셨다. 그분의 십자가와 죽음은 이방인과 유대인 사이의 담을 무너뜨렸다. 그들로 하나 되게 하셨고, 적대와 불신의 벽을 헐고 화해하게 하셨다.[61]

---

60 정지웅, "ACTS 신학과 통일: 교회연합운동과 교회회복운동을 중심으로", 214,
61 이상규,『우리에게 평화를 주소서』, 51.

성결대학교 신약학 교수 박정수는 예수님의 화해를, "메시아의 죽음이 가져온 화해의 평화는 힘의 평화에 대한 대안적 가치로 볼 수 있다"라고 말했다.[62] 로마의 평화라는 이름 아래 자행되었던 폭력의 희생자이신 예수님은 십자가의 피로써 진정한 평화를 보여 주셨다. 이렇게 하나님은 예수 그리스도를 통해 평화를 가르치셨고, 초기 기독교 공동체는 평화를 지향하는 공동체였다.[63]

동유럽 크로아티아 출신인 미국 예일대학교(Yale University) 신학과 윤리학 교수 미로슬라프 볼프(Miroslav Volf)는 『배제와 포용』이라는 책에서 "평화가 신약성경의 핵심적인 주제다"라고 말했다.[64] 성경은 근본적으로 사랑과 용서를 화해와 평화로 가르친다. 이러한 관점에서 기독교의 정신은 폭력이나 전쟁이 아닌 비폭력 평화주의라 할 수 있다. 초기 기독교 교부들은 이러한 가르침에 근거하여 평화주의를 제자도의 기초로 이해했다. 예수님이 가르치신 평화는 군사적 우위에 유지되는 로마의 평화와는 달리 사랑과 이해, 화해와 용서에 기초한 평화였다.[65] 평화의 하나님은 그리스도인들이 온전케 되기를 위해 필요한 평화를 선물로 주신 것이다.

---

62 박정수, 『성서로 본 통일신학』 (서울: 한국성서학연구소, 2010), 123.
63 이상규, 『우리에게 평화를 주소서』, 51.
64 Miroslav Volf, *Exclusion and Embrace* (Nashville: Abindon Press, 1996), 129.
65 이상규, 『우리에게 평화를 주소서』, 51-52.

02

평화의 역사적 인식

1990년대, 통일신학에 대한 논의가 본격화되었다. 통일신학은 평화 신학의 틀로 전환해야 한다는 주장이 꾸준히 제기되어 왔다. 가장 핵심적인 이유는 통일이 지향하는 목표와 내용이 평화이기 때문이다.[1] 평화는 단지 통일을 이루기 위한 도구적 개념이 아닌 사랑과 정의를 통해서 창조 세계를 유지하는 평화의 나라인 하나님 나라 가치의 중심에 서 있다는 것이다. 평화는 하나님의 샬롬이라는 궁극적인 질서를 말한다. 그러나 이 평화는 독일 루터교 목사이자, 반나치 운동가요, 신학자였던 디트리히 본회퍼(Dietrich Bonhoeffer, 1906~1945)의 방식으로 말하면, 분단된 한반도에서 "궁극 이전의 것"을 우리에게 요청한다. 그것은 하나님 나라의 종말의 빛에서 현재의 분단을 보게 하는 데 있다. 뿐만 아니라 민족문제와 계급 문제의 갈등과 반목을 극복하여 한반도에서 평화의 질서를 수립하는 사회정치적인 과제를 우리에게 제시한다.[2]

1990년 독일 통일 이전, 독일과 한국에서 평화에 대한 논의는 이러한 맥락에서 진행되었다. 한국에서 "민족의 통일과 평화에 대한 한국기독교회의 선언"이 있었던 1988년에 같은 해 독일 개신교회(EKD)와 동독 개신교연맹은 "화해와 친선"에 대한 공동선언문을 발표했다. 이 두 선언문은 평화의 실천이 그리스도인의 삶과 신앙의 핵심적인 과제임을 선언한 것이다. 이 선언은 정의와 평화, 창조의

---

1 박종화, "통일신학의 평화신학적 틀로의 발전적 전환", 「기독교사상」 399 (1992), 26-36.
2 손규태, "평화를 위한 통일의 신학", 「기독교사상」 374(1990), 28-61.

보존이라는 에큐메니컬 전통에 서 있는 것이다.[3]

독일의 공적 신학(Public Theology)[4] 전통을 잇는 신학자 볼프강 후버 (Wolfgang Huber, 1942~)는 성서적 전통의 샬롬(Shalom)에 대립되는 지배 질서로서 평화, 즉 '팍스 로마나'(pax romana)의 개념을 20세기 말 국 가안보와 전쟁 억제의 개념으로서의 평화에 적용하며 이를 비판했 다.[5] 그러나 샬롬은 인간과 하나님 사이의 평화와 인간과 인간 사 이에 이룩된 공동체의 온전함을 내포한다. 두 개의 상반된 평화 개 념들이 충돌할 경우, 그리스도인은 중립을 지키는 것이 아니라 팍 스 로마나가 아니라 샬롬을 선택해야 한다. 그리고 지배에 의한 평 화가 아니라 공동체에 입각한 평화를 지지해야 할 것이다.[6] 그래서

---

3 박정수,『성서로 본 통일신학』, 113.
4 공적 신학은 일반 은총에 근거하여 기독교인들이 교회와 사회의 일반적인 관심에 대하여 참여와 대화를 추구하는 신학으로, 또는 공공 신학이라고도 부른다. 기독교 신학은 사회를 향해서 말하기만 하는 것이 아니라 사회와 더 불어 대화한다. 이것은 공적으로 이해될 수 있으며, 공적 토론과 비판적 질 문을 갖는 방법으로 제시되어야 한다. 장로회신학대학교 조직신학 교수 윤 철호는 공적 신학에 대하여 말하기를, "최근에 신학의 공공성과 사회적 책 임을 강조하는 공적 신학이 한국교회와 신학계의 주된 관심사로 부상하고 있다. 이와 같은 공적 신학에 대한 관심은 한국 사회로부터 신뢰를 상실하 고 침체에 빠져있는 한국교회의 위기 상황 속에서 세상을 향한 교회의 공적, 사회적 책임에 대한 새로운 인식의 증대를 반영한다. 한국교회가 사회로부 터 불신을 당하게 된 주된 원인 가운데 하나는 교회가 사회와 소통하지 못하 고 고립된 채 배타적인 태도를 가지고 자신만의 폐쇄적인 울타리 안에 안주 하면서 이기적인 자기만족을 추구하는 집단으로 인식되고 있기 때문이다" 라고 하였다. 윤철호, "공적신학의 주요 초점과 과제",「한국조직신학논총」 46(2016), 175-176.
5 Wolfgang Huber, "어떤 종료의 평화인가?",「신학사상」61(1988), 448-465.
6 Wolfgang Huber, "어떤 종료의 평화인가?", 451, 453.

평화를 위해 전쟁은 배격되어야 한다. 전쟁은 평화를 깨뜨리는 가장 커다란 악이다. 전쟁의 위협이 있는 한반도는 평화가 깨어져 있는 상태이다. 통일은 그 자체가 목적이 될 수 없고, 평화를 이루기 위한 분단극복의 산물이다.[7] 이에 따른 평화의 역사적 인식에 대해서 살펴보자.

1. 초기 기독교 공동체의 평화

로마제국 전역에 초기 기독교 공동체가 들어갔을 때 로마제국의 통치 영역에 정면으로 충돌했다. 로마제국은 현재의 로마시가 있는 곳에서 일어나 도시국가가 되고 점차 이태리반도를 통일했다.[8] 초기 기독교는 일반적으로 기독교가 313년 로마제국에서 공인받고 신앙의 자유를 누리게 되기 이전의 첫 300년의 기독교를 의미한다. 이 기간에 기독교 공동체였던 주후 30년경 설립된 예루살렘 교회는 바울과 그의 동역자들에 의해 제1차(행 13:4-14:28), 제2차(행 15:36-18:22), 제3차(행 18:23-21:26) 선교여행을 통해 평화의 복음이 소아시아와 유럽으로 확산했다. 당시 평화의 사도였던 바울은 약 2만 킬로미터로 지구 둘레의 절반 거리를 이동했다. 그의 선교사 활동은 역사상 유례가 없을 정도로 특별한 사건이었다. 그리고 그 결

---

7 박정수, 『성서로 본 통일신학』, 114.
8 이기영, 『평화의 길 - 역사와 함께』(서울: 도서출판 동연, 2018), 288.

과로 예수님이 승천하신 후 불과 30여 년 만에 평화의 기독교 복음은 안디옥을 거쳐 에베소, 빌립보, 데살로니가, 고린도, 그리고 일루리곤(현 알바니아)과 로마 등 주요 도시로 확산했고, 그곳에다 교회를 설립했다.[9]

소수의 무리에서 출발한 초기 기독교 공동체는 곧 3천 명에서 5천 명으로 증가했다(행 2:41; 4:4).[10] 더 많은 남녀의 큰 무리가 개종한 결과 교회 공동체의 일원이 되어 점차 제자의 수가 더 많아졌다(행 5:14; 6:1; 6:7).[11] 기독교 평화의 복음은 예루살렘으로 시작하여 안디옥으로, 유대 지방, 소아시아, 에게해를 넘어 마게도냐, 아가야, 그리고 제국의 수도인 로마까지 확산하였다. 여러 가지 불리한 조건에도 기독교 평화의 복음은 들불이 번지듯 확산됨으로서 110년부터 115년경까지 로마제국의 거의 모든 지역에서 평화의 기독교 교회가 설립되었다.[12]

20세기 저명한 학자였던 영국 맨체스터대학교(University of Manchester)의 신약학 교수 브루스(F. F. Bruce, 1910~1990)는 초기 기독교

---

9 이상규, 『우리에게 평화를 주소서』, 53.
10 "그 말을 받은 사람들은 세례를 받으매 이 날에 신도의 수가 삼천이나 더하더라"(행 2:41).
  "말씀을 들은 사람 중에 믿는 자가 많으니 남자의 수가 약 오천이나 되었더라"(행 4:4).
11 "믿고 주께로 나아오는 자가 더 많으니 남녀의 큰 무리더라"(행 5:14).
  "그 때에 제자가 더 많아졌는데 헬라파 유대인들이 자기의 과부들이 매일의 구제에 빠지므로 히브리파 사람을 원망하니"(행 6:1).
  "하나님의 말씀이 점점 왕성하여 예루살렘에 있는 제자의 수가 더 심히 많아지고 허다한 제사장의 무리도 이 도에 복종하니라"(행 6:7).
12 이상규, 『우리에게 평화를 주소서』, 53-54.

공동체의 급속한 성장에 대하여, "퍼져 가는 불길(Spreading Flame)이다"라고 말했다.[13] 유대교와 기독교가 서구의 역사에서 기나긴 사회문화적 갈등과 논쟁을 겪어 왔던 것처럼,[14] 처음에 기독교는 유대교의 박해를 받았으나, A.D. 64년 6월 18일 발생하여 일주일 동안 계속된 로마시 화재 사건 이후로 로마제국의 정치적인 박해도 받았다. 이때, 예배와 전도는 불가능했으며, 세상에서 성도들은 구별된 삶의 방식을 지향했다.[15] 3세기까지의 초기 기독교 공동체는 하나님의 말씀에 순복하여 평화 사상과 평화 이념을 견지하며 이를 가르치고 실천했다.[16]

4세기 초, 기독교는 로마제국 전체 인구의 약 10%에 인구를 가진 조직화된 평화의 종교로 발전했다. 기독교는 첫 300여 년간 박해를 받았으나 313년 콘스탄티누스 황제에 의해 공인받게 됨에 따라 새로운 전기를 맞게 되었다. 그리고 392년에 기독교는 로마제국의 평화의 종교, 곧 국교가 된 것이다. 기독교 역사에서 4세기 이전과 이후는 현저한 차이가 있었다. 기독교가 공인받기 이전 300년간 평화에 대한 인식은 평화 지향적 공동체였다는 점에서 대부분 학자의 의견은 동일시하며, 전쟁과 폭력을 비기독교적이고 비도덕적인 것으로 배척했다.[17]

---

13 F. F. Bruce, *The Spreading Flame* (Grand Rapids: Eerdmans, 1958).
14 박정수, 『신약의 윤리적 비전과 교회의 소명』 (서울: 감은사, 2021), 213.
15 이상규, 『우리에게 평화를 주소서』, 54.
16 Alan Kreider & Eleanor Kreider, 『평화교회』, 21.
17 이상규, 『우리에게 평화를 주소서』, 54-55.

2. 터툴리아누스의 평화

삼위일체 신학을 확립한 라틴 신학의 아버지라고 불린 대표적인 교부로 최초 라틴어 문필 활동가였던 카르타고의 터툴리아누스(Tertullianus, 160~225)는 북아프리카 지역의 상류층으로, 이교도의 가정에서 태어났다. 그는 문학뿐만 아니라 수사학, 법학을 공부하고 법률가로 활동했다. 그런데 그가 기독교로 개종한 것은 193년경(또는 173년) 순교에 직면한 기독교인들이 죽는 순간에도 평화와 용기를 잃지 않는 모습에 감동했다.[18]

그리고 그는 아우구스티누스 이전에 최고의 라틴 신학자로 197년부터 224년까지 약 20년 동안 집필활동을 했다. 그의 저서『변증서』가운데 기독교인들은 용감한 군대, 성실한 원로원, 세계의 평화, 제국의 안전을 위해 기도했다고 했다. 당시 기독교인들은 로마의 신전을 제외하고 로마제국의 어디에서나 공중생활에 참여했다. 그리고 기독교인들은 황제를 위해 제국의 평화를 위해 기도했다. 터툴리아누스는 기독교인들이 남을 죽이기보다는 기꺼이 자신이 죽고자 했다고 말했다.[19]

---

18 홍용훈,『아우구스티누스의 교회론』(서울: 세움북스, 2022), 93.
19 이상규,『우리에게 평화를 주소서』, 66.

3. 아우구스티누스의 평화

아우구스티누스(Augustinus Hipponensis, 354~430)는 교부 시대 때 가장 위대한 철학자다. 전 교회의 가장 영향력 있는 신학자이기도 하다.[20] 미국 프린스턴대학교(Princeton University)에서 역사학 교수를 지낸 피터 브라운(Peter R. L. Brown, 1935~)은 아우구스티누스를, "그는 후기 로마 시대에 라틴 신학의 정통에서 경직된 신학자로서의 모습을 드러내기보다는 북아프리카 교회라고 하는 지역교회를 배경으로 목회했던 교회의 신학자다"라고 말했다.[21]

그는 다양한 주제에 관심을 가진 교부로 신앙과 이성의 관계, 악의 문제, 은총론과 예정론, 삼위일체 등을 비롯해 존재, 진리, 사랑, 하나님 인식, 인간의 본성, 시간과 영원, 자유, 역사와 섭리, 정의, 행복, 그리고 평화의 문제 등 철학 분야와 기독교 신학 전반에 걸쳐 그의 사상의 깊이와 넓이를 헤아릴 수 있다.[22] 아우구스티누스는 일상생활에서 간단한 덕들조차 사랑의 형태들로 여겼다. 기쁨,

----

20 한국 교부학 연구회, 『내가 사랑한 교부들』(왜관: 분도출판사, 2005), 218-219.
21 Peter R. L. Brown, *Augustine of Hippo: a biography* (Berkeley & Los Angeles: University of California Press, 2000), 441-473. 아우구스티누스는 참 교회를 세우기 위해 무엇이 옳고 그런지를 먼저 성경에서 답을 찾고 잘못된 길을 가는 자들에게 바른길을 제시하며 참 교회로 인도하고자 하였던 신학자이자 목회자였다. 홍용훈, 『아우구스티누스의 교회론』, 21.
22 이상규, 『우리에게 평화를 주소서』, 93. 그는 마니교 논쟁(386~395), 도나투스파 논쟁(395~410), 펠라기우스 논쟁(410~430)의 과정에서 이들을 반박하는 수많은 작품을 남겼다.

평화, 인내, 선의, 충성, 친절, 정직 등은 모두 사랑에 근거하고 있다.[23] 특히 그는 평화에 대해 『신국론』(De Civitate Die)[24] 제19권에서 논의하고 있다. 이것은 『신국론』 제19권에서 나타나는 하나님 사랑과 이웃 사랑으로 갈등 없이 연결되는 맥락에서 읽어야 한다. 아우구스티누스에 따르면, 온전한 평화는 "하나님을 향유하고 하나님 안에서 서로 향유 하는 가장 질서 있고 가장 조화로운 사회의 모습이다"라고 말했다.[25]

『신국론』 제19권에서 아우구스티누스는 10가지 평화를 제시했다. ① 몸의 평화. ② 비이성적 영혼의 평화. ③ 이성적 영혼의 평화.[26] ④ 몸과 영혼의 평화. ⑤ 인간과 하나님 사이의 평화. ⑥ 인간과 인간 사이의 평화. ⑦ 가정의 평화. ⑧ 시민적 평화. ⑨ 천상 도

---

23 동서방 기독교 문화연구회(배정훈, 우병훈, 조윤호, 공저), 『초대교회의 갈등과 치료』(군포: 도서출판 다함, 2022), 160.

24 『신국론』은 총 22권으로 되어있는데, 크게 두 부분으로 나눠진다. 제1권부터 10권까지는 이교도의 거짓된 가르침에 대한 반박이다. 아우구스티누스는 먼저 제1-5권에서 이 세상에서의 행복이나, 로마제국에서의 권력 강화를 위해 이교도 신을 숭배하는 자들을 비판했다. 제6-10권에서는 사후의 삶의 행복과 영혼의 선을 위해 같은 신들을 숭배하는 자들을 비판한다. 크게 두 번째 부분에 해당하는 제11-22권은 기독교 신앙의 진리에 대한 증명과 변호이다. 제11-20권은 기독교에 관한 부정적인 비판에 대한 긍정적 옹호를 제시하고 있다. 동서방 기독교 문화연구회(배정훈, 우병훈, 조윤호, 공저), 『초대교회의 갈등과 치료』, 173.

25 동서방 기독교 문화연구회(배정훈, 우병훈, 조윤호, 공저), 『초대교회의 갈등과 치료』, 184.

26 ②와 ③에서 영혼의 비이성적 부분과 이성적 부분으로 나누는 것은 플라톤 철학에 기인한 것이다. 플라톤에 따르면 영혼은 이성혼(λογιστικόν), 욕망혼(ἐπιθυμητικόν), 기개혼(θυμοειδες)으로 구성된다. 뒤의 부분이 바로 비이성적 영혼이다.

시의 평화. ⑩ 만물의 평화.[27] 인간은 본질상 평화를 갈구하며, 평화를 상실하면 괴로워하는 존재다. 하나님과 인간 사이의 평화는 영원법에 대한 질서 있는 순종이 믿음 안에서 이뤄질 때 생겨난다. 그런데 하나님께서 가르치는 으뜸가는 두 계명은 하나님 사랑과 이웃 사랑이다. 결국 아우구스티누스는 하나님 사랑과 이웃 사랑이라는 사랑의 이중 계명을 잘 지켜야 하나님과 인간 사이의 평화가 이뤄진다고 주장했다.[28] 그는 하나님의 사랑에서부터 모든 사람을 사랑하고 평화를 이룰 수 있다고 말했다. 우선 하나님을 사랑하는 사람이 자신을 제대로 사랑할 수 있다. 그리고 이웃들이 하나님을 사랑하도록 이끈다. 이러한 일을 그 사람은 가족들(아내, 자식, 식솔)로부터 시작해서 모든 사람에게 확대하여 나간다. 하나님을 사랑하는 사람은 이런 것을 사회 속에서도 실천하며 모든 사람과 평화와 조화를 이루게 한다. 그들은 하나님 때문에 친구를 사랑하며, 하나님 때문에 원수도 사랑한다. 아우구스티누스의 이러한 주장은 섬기는 사랑이 평화를 가져온다는 것이다.[29]

성경의 목표에 따라서, 아우구스티누스는 이스라엘의 전쟁 기록에서 전쟁의 정당성을, 신약성경에서 예수님이 백부장의 하인을 고쳐 주신 사건이나(마 8:5-13), 백부장 고넬료의 개종과 믿음(행 10)

---

27 동서방 기독교 문화연구회(배정훈, 우병훈, 조윤호, 공저), 『초대교회의 갈등과 치료』, 184-185.
28 동서방 기독교 문화연구회(배정훈, 우병훈, 조윤호, 공저), 『초대교회의 갈등과 치료』, 186.
29 동서방 기독교 문화연구회(배정훈, 우병훈, 조윤호, 공저), 『초대교회의 갈등과 치료』, 186-188.

은 평화의 정당성을 보여 주는 것으로 이해했다. 그리고 세례요한이 군인들에게 "사람에게서 강탈하지 말며, 거짓으로 고발하지 말고, 받은 급료를 족한 줄로 알라"(눅 3:14)라고 했을 때 요한이 군인이라는 직업에 대하여 비난하지 않았음에 주목했다.[30] 근본적으로 아우구스티누스는 피정복자의 피해의식을 가진 북아프리카인으로서 전쟁의 피해를 경험했고, 인간의 불완전성을 확신하고 있었다. 전쟁을 다른 악과 마찬가지로 인간 죄의 결과로 인식하고 반대했다. 그러나 지상에서의 온전한 평화는 기대할 수 없다고 보았다. 그는 생명을 위협하고 침략을 두려워하지 않는 그런 평화가 인간에게 결코 주어지는 것이 아니라고 보았다. 그의 완전한 평화는 주리거나 목마름이 없고 적들의 도전도 없는 하나님 나라에만 있다고 보아 지상에서의 평화는 비현실적으로 인식했다.[31]

4. 중세 시대의 평화

아우구스티누스가 살았던 시기를 전후로, 로마제국에는 많은 변화가 있었다. 기독교가 로마제국의 국교가 되는 4세기 이후 평화주의는 퇴조했고, 대신에 정당한 전쟁론이 대두되었다. 무죄한 자를 방어하고 부당하게 탈취를 회복하여 정의를 보장하고 평화를

---

30 이상규, 『우리에게 평화를 주소서』, 94.
31 이상규, 『우리에게 평화를 주소서』, 94.

유지하기 위한 전쟁이라면 전쟁은 정당성을 지니고, 이 경우 전쟁에 참여하는 것이 가능하다고 주장했다. 기독교가 로마제국의 종교가 되자 제국의 영토 확장을 지지할 수밖에 없었다. 평화주의는 점차 상대적 평화주의로, 또는 정당한 전쟁론으로 변화의 길을 걸어갔다. 이제는 전쟁 자체가 문제 되는 것이 아니라 무엇이 의로운 전쟁인가에 대한 정당한 전쟁의 논점이 되었다.[32] 중세시대에 교회가 "오른편 뺨을 치거든 왼편도 돌려대라"(마 5:39)라고 가르치신 예수님의 교훈을 완전히 포기했던 것은 아니었다. 그러나 이러한 가르침은 전적으로 수도원이나 개인 윤리의 영역으로 밀려났다. 도리어 로마제국의 정복 전쟁은 이교도의 개종과 교회를 위한 하나님의 일, 곧 성전으로 인식되기에 이르렀다.[33]

단적인 예로, 590년경 교황이 된 그레고리우스 1세(Gregorious I, 590~604 재위)의 경우로 그는 전쟁을 신앙 확산의 도구로 여겼고, 기독교 신앙을 해치거나 모독하는 민족의 행위에 대해서 전쟁이 복수의 수단이었다. 8, 9세기, 찰스 대제(Charles the Great)라고 불리는 샤를마뉴(Charlemagne, 768~814)는 이탈리아 해안 지역을 습격하는 이슬람교도들과 싸우는 기사들에게 죽으면 천국으로 인도된다고 가르치면서 거룩한 임무를 부여한 바 있었다. 기독교적인 유럽이 계속해서 민족들의 침략을 받는 9, 10세기에는 정당한 전쟁론이 특

---

32 이상규, 『우리에게 평화를 주소서』, 99-100.
33 이상규, 『우리에게 평화를 주소서』, 101.

히 이교도들과의 전쟁 개념과 결부되었다.[34] 그리고 교황 레오 4세 (Leo IV, 847~855)와 요하네스 8세(Johannes, VIII, 872~882)는 이슬람 아랍인 이나 노르만족과 같은 이교도들과의 전쟁에서 목숨을 잃는 자들은 영생을 얻으리라고 약속했다. 1050년부터 스페인에서 시작된 재 정복 전쟁도 교회의 지지를 받았고 성전, 곧 거룩한 전쟁으로 간주 하였다.[35]

십자군 전쟁에 앞서 1071년 만지케르트(Manzikert) 전투는 기독 교와 이슬람의 전쟁으로서 십자군 전쟁의 전초전으로 불리고 있 다. 이 전투는 셀주크 투르크(Seljuq Turk)군 5만 명과 비잔티움 제국 (Byzantiue Empire, 동로마제국)의 20만 대군이 만지케르트, 지금의 튀르키 예 동부 말라즈기르트(Malazgirt)에서 벌인 전투로 인해, 이때 이슬람 세력인 셀주크 투르크가 승리하여 비잔티움 제국의 황제 로마누스 4세는 포로로 잡혀가 굴욕을 당했다. 이 전투의 승리로 인해 셀주 크 투르크는 서아시아 지역으로 진출하였다. 이 전쟁은 비잔티움 제국의 쇠퇴를 가져오게 되었다.[36] 만지케르트 전투로부터 25년 후, 일어난 십자군 전쟁(The Crusades, 1096~1291)은 대표적인 성전이 었다. 1095년 11월 27일 프랑스의 클레르몽 공의회에서 53세의 교 황 우르바누스 2세(Urbanus II, 1042~1099)는 십자군 원정을 선포했다. 이때, 그들은 "하나님께서 원하신다"라고 외치면서 호응했다. 교황

---

34 이상규, 『우리에게 평화를 주소서』, 102.
35 이상규, 『우리에게 평화를 주소서』, 102.
36 이상규, 『우리에게 평화를 주소서』, 102-103.

은 십자군에 참여하면 속죄받기 위해 하는 고행을 면제해 주겠다고 약속했다. 전쟁은 1096년의 제1차 십자군을 시작으로 이후 8번에 걸쳐 1291년까지 약 200년 동안 지속되었다. 유럽 사회에 커다란 변화를 가져왔다.[37] 1099년 예루살렘을 정복한 제1차 십자군은 사흘 동안에 3만 명을 살육했다. 그렇게 십자군 전쟁은 잔인한 폭력을 정당화한 것이다. 그들은 실제로 자신의 칼을 휘두르는 거룩한 하나님의 전사 혹은 그리스도의 전사로 인식했다. 초기 기독교에서는 칼 맞고 희생된 자가 순교자였지만 이제는 칼을 써서 사람을 죽인 자가 순교자로 추앙받는 시대가 된 것이다.[38]

그러면 중세 시대의 교회 지도자들이 모두가 성전을 지지한 것은 아니었다. 중세 십자군 전쟁 기간에도 사랑 신학과 평화 신학을 외친 수도사가 있었다. 그는 이탈리아 중부 도시 아시시에서 출생한 성 프란시스코(Franciscus, 1182~1226)로 1201년 아시시 군의 페루자 원정에 참여했다가 1202년에서 1203년까지 1년간 포로 생활을 경험했다. 전쟁의 실상을 체험한 그는 인간의 고통과 가난, 질병에 대한 연민의 정을 가지게 된 것이다. 특히 사랑과 평화에 대한 이상을 가지게 되었다. 어느 나환자와의 만남, 그리고 아시시 근처 산 다미아노 성당에서 "하나님의 무너진 집을 다시 세우라"는 신적 음성을 들은 일도 그의 삶의 변화를 재촉했다.[39] 1208년 2월 24일,

---

37 이상규, 『우리에게 평화를 주소서』, 104-105.
38 이상규, 『우리에게 평화를 주소서』, 106-107.
39 이상규, 『우리에게 평화를 주소서』, 107.

마태복음에 나오는 제자들을 파송하는(마 10:7-14) 말씀 속에 감명받아 전도 생활과 사도적 청빈을 실천하기로 결단했다. 자신의 모든 부를 포기하고 스스로 가난하게 사는 자의적 빈곤의 길을 걸었다. 그래서 그는 예수님의 가난과 겸손을 이상으로 삼았다. 이때부터 그는 가난과 금욕과 전도와 봉사를 실천하고 소박하고 평화로운 금욕적 삶을 추구했다.[40]

27세가 되었을 때, 1209년에는 동지들을 모아 탁발수도회[41]를 설립했다. 그는 가난을 순교를 위한 훈련의 방편으로 삼았던 초기 교부들과는 달랐다. 그의 가난은 바로 평화를 위한 것이었다.[42] 그는 재산을 둘러싼 갈등이 없다면 전쟁이 일어날 이유가 없다고 말했다. 자기 소유의 주장을 버리는 것이 하나님의 평화나 하나님의 휴전 운동보다 낫고, 심지어 대성전 건축보다 효과적으로 평화에 이르는 길이라고 보았다.[43] 이처럼 프란시스코는 평화주의자로 사랑과 화해, 평화를 삶을 통해 보여 준 대표적인 인물이라 하겠다.

기독교 역사가로 예일대학교(Yale University) 신학부 교수였던 롤란드 베인톤(Roland H. Bainton, 1894~1984)은 프란시스코의 평화에 대하여, "평화를 외쳤던 그는 사랑과 평화를 설교하고 가르쳤다. 그리

---

40 이상규, 『우리에게 평화를 주소서』, 108.
41 탁발이란 구걸을 통해 생계를 유지한다는 의미이다. 처음에는 청빈을 강조하였던 과거의 수도원이 부유하게 되어 나태해지고 본래의 정신에서 이탈하자 물질적 소유를 완전히 부정하는 탁발수도회를 설립하게 된 것이다.
42 이상규, 『우리에게 평화를 주소서』, 108.
43 Roland H. Bainton, 『기독교의 역사』, 이길상 역 (서울 : 크리스챤다이제스트, 1997), 211.

고 그는 십자군 전쟁 중에도 전쟁을 반대한 유일한 인물이었다"라고 말했다.[44] 이렇게 해서 프란시스코 수도회는 십자군을 비판한 유일한 기독교 집단이 되었다. 그들은 전쟁을 통한 갈등의 해결에 반대했으며, 여러 도시에서 분쟁 해결을 위해 노력했으며, 평화의 건설자이기도 했다.[45] 프란시스코는 평화의 복음을 비기독교인들에게도 전파하고자 했으며, 이슬람교도들도 편견 없이 대하고자 했다. 그들은 그들과의 접촉이 평화를 이루는 중요한 단계라고 인식하고 있었기 때문이다.[46]

제5차 십자군 전쟁이 한창이었던 1219년, 한 사람의 수도사와 함께 이집트에 갔을 때, 다미에타 성을 포위하고 있던 십자군 진영을 방문했다. 그해, 술탄이 십자군과의 전투에서 큰 승리를 거두자 프란시스코는 같은 해 8월 29일에 술탄을 찾아가 평화를 호소했다.[47] 그는 술탄에게 "저는 지극히 높으신 하나님께서 보내서 왔습니다. 각하와 각하의 백성에게 예수 그리스도의 평화를 전하러 왔습니다"라고 말했다. 술탄은 그의 설교를 경청했고, 사랑과 겸손한 태도에 감동했다.[48] 당시 다미에타 성은 십자군이 1년 이상을 포위하고 있었던 곳으로 프란시스코가 중재해서 양측은 4주 동안 휴전하

---

44 Roland H. Bainton, *Christian Attitudes Toward War and Peace* (Nashville: Abingdon, 1960), 119.

45 이상규, 『우리에게 평화를 주소서』, 110.

46 Ludwig Hagemann, 『그리스도교 대 이슬람』, 채수일 역 (서울: 심산, 2005), 86.

47 Ludwig Hagemann, 『그리스도교 대 이슬람』, 86.

48 박승찬, 『중세의 재발견』 (서울: 도서출판 길, 2017), 192.

기로 합의했다. 이집트를 떠난 그는 1220년에 예루살렘을 순례하면서 평화를 호소했다. 얻은 결과는 미미했으나 프란시스코는 이슬람교도들과 평화를 시도했던 중세 시대 인물이었다. 이슬람의 술탄을 개종시켜 평화를 이루겠다는 시도는 수포로 돌아갔으나 그는 십자군 전쟁 중에서도 순전한 평화를 외쳤던 인물로 평가되고 있다.[49]

5. 종교개혁 시대의 평화

중세 시대 가톨릭의 비성경적인 교의를 종교개혁자들은 반대하고 나섰다. 이는 성경으로 돌아가자는 운동이었다. 그것은 어떠한 전쟁과 폭력도 반대하는 예수님의 평화에 귀를 기울이지 않았기 때문이다.[50] 기독교 개혁운동은 16세기 유럽에서 일어난 종교개혁이다. 16세기 종교개혁은 본래 기독교 회복 운동이었다. 하나님의 말씀에서 떠난 로마 가톨릭의 성례 제도와 공로 사상들과 같은 비복음적인 전통에서 벗어나 본래의 기독교, 혹은 사도적 교회로 돌아가려는 운동이었다. 이러한 개혁운동의 근거와 출발점은 하나님의 말씀인 성경이었다.[51] 종교개혁자들은 외경이나 교회의 전통

---

49 이상규, 『우리에게 평화를 주소서』, 111.
50 김영한, 『개혁주의 평화통일신학』, 289-290.
51 이상규, 『우리에게 평화를 주소서』, 123-124.

이 하나님의 말씀일 수 없고, 성경 66권만이 유일한 권위임을 주장했다. 이것은 성경 중심 사상이었다. 구원은 인간의 공로나 면제로 살 수 없는 오직 은총에 의한 믿음으로 말미암는다는 점을 가르쳤다. 이것이 '오직 은혜'(Sola Gratia), '오직 믿음'(Sola Fide)의 의미였다.[52]

평화주의 이론가로 평화 문제에 대해 서양 정치사상사에서 선구자적 인물로 불렸던 에라스무스(Desiderius Erasmus, 1466~1536)는 흔히 인간에 대한 신뢰에 바탕을 두고 인간 생명의 가치를 중시했다. 그는 전쟁의 폐해를 지적하는 등 보편적 평화를 주장하여 인도주의적 평화주의자라고 불렸다. 그는 모든 폭력과 전쟁의 폐지를 주장함으로써 최초의 평화주의 문학 이론가로 불리기도 한다. 그는 주위 국가들이 중립을 인정해 줄 때만 안정과 평화를 누릴 수 있는 처지였던 네덜란드 출신이었다. 그는 유럽의 통일과 평화 유지의 가능성을 낙관적으로 보았고, 기독교 신자들 사이에서 계속되는 전쟁의 어리석음을 비난했다. 그는 제국주의를 포기하고 각국의 국경 내에서 선하고 공정한 정부를 유지하는 데 최선을 다하자고 주장했다.[53]

신교와 구교 간의 갈등이 전쟁으로 치닫는 상황에서 평화와 화해를 말하는 것은 비현실적이었다. 에라스무스는 전쟁을 피하기 위해 군주, 귀족, 성직자, 그리고 지식인들에게 평화를 호소했다. 그리고 전 국민의 승인이 없는 한 전쟁을 의도해서는 안 된다고 주

---

52 이상규,『우리에게 평화를 주소서』, 124.
53 이상규,『우리에게 평화를 주소서』, 130-132.

장했다. 또한 전쟁 회피를 위해 군비의 축소를 주장하고 이를 시행하는 자에게 최대의 명예를 제공해야 한다고 주장한 바 있다. 이러한 에라스무스의 염원에도 불구하고 그의 관용과 타협의 정신으로 신 구교 간의 화해를 시도했던 아우크스부르크 회의(1555년) 이후에도 신 구교 간의 대립은 심화되었고, 결국 유럽은 '30년 전쟁'(1618~1648)이라는 긴 살육의 시대를 맞게 되었다. 서유럽 최후의 종교 전쟁이자 서양 최초의 국제 전쟁으로 불리는 이 전쟁에서 무려 독일 인구의 삼 분의 일이 죽임을 당했다.[54]

　루터는 세속 정부에 대한 순종의 의무를 강조했던 것은 사실이다. 그렇다고 정부에 대한 무력 사용을 허용한 것은 아니었다. 루터는 무엇보다도 종교적 목적으로 무력을 사용해서는 안 된다고 보았다. 왜냐하면 무력은 질서와 평화를 유지하기 위한 경우에 적법한 관리자에 의해 사용해야 한다고 본 것이다. 혹시 교회가 공격당한다고 하더라도 교회는 하나님의 손에 의해 구조될 때까지 참고 기다려야 한다는 입장이었다.[55] 루터는 폭력이나 전쟁을 맹목적으로 지지하지도 않았으나 평화주의자도 아니었다.[56]

　스위스 종교개혁자인 울리히 츠빙글리(Ulrich Zwingli, 1484~1531)는 직접적으로 전쟁이나 평화에 대한 자신의 견해를 피력한 기록은 없다. 그는 바른 복음을 수호하기 위해 전쟁도 불사한 입장을 견

---

54 이상규, 『우리에게 평화를 주소서』, 135.
55 이상규, 『우리에게 평화를 주소서』, 141-142.
56 S. Ozments, *Protestants* (NY: Doubleday, 1992), 227-228.

지했던 인물이었다. 그는 평화주의자도 아니었고, 정당 전쟁론을 수용하되 이에 대해 유연한 입장이 취해졌다.[57] 칼빈(John Calvin, 1509~1564)은 정당 전쟁론의 전통을 계승한 인물로 간주 된다. 칼빈의 시대에도 군인이 있었고, 전쟁도 있었다. 칼빈의 『기독교 강요』제4권 20장 11항 및 12항은 그의 전쟁관을 선명하게 보여 준다.[58] 그는 넓은 의미에서 정당 전쟁론을 따랐지만, 어떤 전쟁은 의롭고, 혹은 정당하다고 규정할 수 있는 보편적인 규칙이나 지침을 제시하지는 않았다.[59]

칼빈은 통치자들이 자신의 영토를 수호하기 위해 적들의 공격을 방어하는 방어적 전쟁을 해야 할 의무가 있다고 보았다. 또 전쟁은 평화의 유지와 회복을 위하여 불가피하다고 보았다. 칼빈은 평화주의자가 아니었고, 정당 전쟁론의 전통 유산을 계승했다고 볼 수 있다.[60] 종교개혁 시대에 평화를 표방하고 나선 재세례파(Anabaptists)는 구교와 신교의 양편으로부터 아주 가혹한 박해를 받고 거의 전멸했지만 그 일부가 영국으로 건너가서 침례교를 만들었다. 청교도 혁명 때 올리버 크롬웰의 군대 안에는 그들이 많이 끼어 있었다. 재세례파와 유사한 철저한 평화주의 교파로 메노나이트가 생기고, 17세기 영국에서 퀘이커교가 일어났다. 퀘이커교

---

57 이상규, 『우리에게 평화를 주소서』, 143, 149.

58 John Calvin, 『기독교 강요 4권』, 문병호 역 (서울: 생명의말씀사, 2020), 836.

59 John H. Leith, 『칼빈의 삶의 신학』, 이용원 역 (서울: 한국장로교출판사, 2002), 213.

60 이상규, 『우리에게 평화를 주소서』, 154.

도는 대체로 19세기 이래 절대적 평화주의가 그 종파의 주요한 특성이 되었다.[61]

6. 서구 변천사를 통한 평화

미국 새기노밸리주립대학교(Saginaw Valley State University) 역사 교수 토마스 레나(Tomas Renna)는 서구 평화 의미의 변천을 다섯 시기로 구분하여 설명한다. 첫째, 대략 300년까지 로마의 평화(Pax Romana) 시기이다. 이 시기 로마의 평화는 단순히 평화의 부정적 이해에만 머물지 않았다. 로마법의 옹호자들은 평화를 우주적 화합과 긴밀하게 연결하였고, 그 우주적 화합 안에서 지상의 사회가 자연 질서와 조화를 이룬다고 주장했다. 둘째, 약 300년부터 1150년까지 중세 초기 시기이다. 콘스탄티누스 치하의 기독교 평화가 새로운 사회 질서를 출범시켰다. 콘스탄티누스는 하나로 통합된 교회, 신적 승인을 받은 정치적 질서, 하나님의 뜻에 따라 통치하는 보편적 제국과 결합 된 평화의 유산을 중세에 남겼다. 콘스탄티누스 이후에 서구의 평화 개념은 수도자들의 평화, 주교들의 평화, 왕들의 평화로 흘러가게 된다. 이 시기의 모든 평화 이론들은 질서의 개념과 긴밀하게 연결되어 있다.[62] 셋째, 약 1150년부터 1450년까지 중세

---

61 이기영, 『평화의 길 - 역사와 함께』, 290.
62 Thomas Renna, "The Idea of Peace in the West, 500-1150", *Journal of*

중기 시기이다. 교황의 평화는 형성되었다가 약화 되었다. 제국의 평화는 종말을 고하고, 수도원의 금욕적 평화도 그 영향력을 상실하게 되었다. 가장 중요하게 세속적인 공공의 평화 발전이 이루어진다. 넷째, 약 1450년부터 1800년까지 시기는 왕정이나 국가 차원의 평화와 자연법에 기초한 국제적 차원의 평화가 주도권 다툼을 벌이는 시기이다. 다섯째, 1800년 이후부터 평화에 관한 언급은 국제적 차원의 평화가 주류를 이룬다. 국제적 협력을 통한 전쟁 방지가 평화 언급의 목적이었다. 20세기에 들어와 평화 이론은 중세와는 달리 특정한 사회 그룹이나 종말론과 관련이 없다.[63]

20세기 중반 이후 주로 전쟁의 부재라는 단일 요소에 의해 정의되었던 평화의 개념은 다수의 요소에 의해 정의된 개념으로 대치된다. 전쟁의 부재는 모든 평화의 필요조건이지만 충분조건은 되지 못한다. 평화는 전쟁의 부재, 힘의 균형, 구조적 폭력의 부재, 여성의 평화, 문화간 평화, 지구 생태적 평화, 내적 평화라는 다수의 요소가 포함된 통전적이고 복합적인 관점에서 정의된다. 이러한 평화의 정의는 점점 더 긍정적인 평화의 개념들을 강조한다. 즉 보다 더 평화로운 세상의 모습에 대한 비전에 초점을 맞추어 평화를 정의한다. 이러한 경향은 우리가 국가의 차이, 문화의 차이, 종교적 전통의 차이에도 불구하고 상호 연결되어 있고, 상호 의존되어 있다는 깨달음에 기인한 바가 크다. 우주의 공간에서 보면, 지구는

Medieval History 6(1980/2), 148.

63 Thomas Renna, "The Idea of Peace in the West, 500-1150", 143-145.

국가, 문화, 종교의 경계가 없는 하나의 복합 체계이다.[64]

● ● ●

결과적으로, 평화의 역사적 인식에 대해서 살펴보았다. 2018년 신년사에서 북한의 국무위원장 김정은은 남측에 대화를 제의하면서 한반도가 급격한 전환기를 맞이했다. 동계올림픽에 북측이 참가한 이후 북중정상회담, 남북정상회담, 북미정상회담이 연이어 열렸다. 이러한 한반도의 평화를 위시하여 세계 평화를 위해 대단히 중요한 시점이다.[65]

우리는 한반도의 남북문제를 가장 슬기롭게 해결하는 길은 평화에 대한 역사적 이해의 전제로서 진지하게 받아들여야 한다. 평화란 단지 적대자 사이의 갈등 부재나 폭력 부재라는 소극적인 의미를 넘어서서 정의의 실현이요, 사랑의 실천이라는 적극적인 의미에서 이해되어야 한다. 이러한 영역은 군사적이고 정치적인 영역에서 권력의 갈등과 무력의 해소만이 아닌 경제적이고 종교적이고 인종적이고 환경적인 영역에 있어서 갈등과 수탈과 대립이 해소되는 것을 말한다. 더 나아가 인간은 자연환경에 대해서도 환경친화

---

64 Linda Groff, "Religion and Peace, Inner-Outer Dimensions of", *in Encyclopedia of Violence, Peace & Conflict*, ed. Lester Kurtz (Amsterdam: Elsevier, 2008), 1852.

65 한국문화신학회,『평화의 신학』, 35.

적으로 자연을 개발하는 삶을 말한다. 이 평화는 인간의 힘으로 실현되는 것이 아닌 궁극적으로 역사의 주관자이신 하나님의 종말론적 개입으로 실현된다.[66] 한반도가 지향하는 예수 진리에 바탕을 둔 평화에 대한 역사적 이해로서 참된 그리스도인을 잘 길러내어 교회연합운동과 교회 회복 운동을 지속하게 추진해 나간다면 한반도에서 평화의 길은 자연스럽게 열릴 것이다.

---

66 김영한, 『개혁주의 평화통일신학』, 280-281.

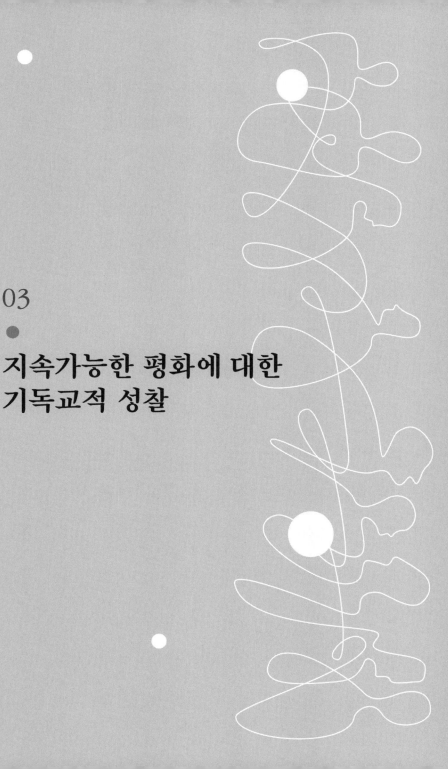

03

지속가능한 평화에 대한
기독교적 성찰

한반도의 통일은 남북한 양측 모두에게 국가적인 이념화 대상이 될 정도로 갈망한다. 남한은 국민 대부분이 어려서부터 불렀던 〈우리의 소원은 통일〉이라는 노래를 부르며 자랐다. 지금 이 노래는 북한에서도 불린다. 북한은 통일이라는 말만 듣고도 눈물을 글썽이는 사람이 한둘이 아니다. 오히려 남한에서는 통일에 대한 사람들의 생각이 이전과 비교하여 많이 달라졌다. 현재 통일은 반드시 이루어져야 한다고 생각하는 국민의 숫자가 급속하게 감소했다.[1]

서울대학교 통일평화연구원이 2007년부터 2010년까지 한국 갤럽에 의뢰하여 조사한 바에 따르면, 조사 대상자의 대략 50~60%가 여전히 통일의 필요성을 인정하고 있다. 20% 내외의 응답자는 통일이 필요하다는 태도를 보였고, 20% 내외의 응답자도 무관심한 반응을 나타내었다.[2] 이처럼 국민 모두는 통일을 당연한 목표로 공유하지 않고 있다. 이 사실 자체가 통일을 왜 해야 하는지, 이 질문에 대한 보다 명확하고 설득력 있는 답을 제시할 것을 요청하고 있다. 이 질문은 한국교회에도 하나의 중대한 윤리적 도전으로 다가온다.[3]

전 대외경제정책연구원 선임연구위원이었던 윤덕룡은 통일에 대한 감소의 원인에 대하여, "통일에 대한 남한 주민들의 생각이

---

1 한반도평화연구원, 『통일에 대한 기독교적 성찰』 (서울: 새물결플러스, 2014), 17.
2 박영규, 『남북경계선의 사회학』 (서울: 창비, 2012), 167.
3 한반도평화연구원, 『통일에 대한 기독교적 성찰』, 39.

급격히 달라진 것은 독일 통일 이후에 나타난 일이다. 동서독 통일 과정에서 서독 주민들이 통일비용을 지불하느라 많은 어려움을 겪는 것을 보았기 때문이다"라고 말했다.[4] 독일의 통일 과정을 지켜보았던 한국은 통일이 민족 감정의 문제가 아니라 실질적인 생활의 문제로 인식되기 시작했다.[5]

통일은 오늘날 우리 사회 안에서 많은 정치적, 이데올로기적 대립과 갈등으로 얼룩진 주제다. 하지만 그렇다고 해서 정치인들에게만 맡기고 회피할 수 있는 문제가 아니다.[6] 더 늦기 전, 통일에 대한 우리 사회의 세속적인 인식을 전환할 필요가 있기에 지속가능한 평화에 대한 기독교적 성찰에 대해서 살펴보자.

1. 조선 초기 평화의 복음 전파와 교회

공식적인 한반도에 평화의 복음이 전파되고 뿌리내린 것은 19세기 후반이었다. 이 시기에 쇄국 정치를 펼치고 있었던 조선은 미국을 비롯한 서방 세력에 대한 배척과 경계를 지속했다. 그러나 서양식 문물과 세계관을 적극적으로 받아들여야 한다는 개화파 세력들

---

4 한반도평화연구원, 『통일에 대한 기독교적 성찰』 (서울: 새물결플러스, 2014), 17. 이 책 1장에서 윤덕룡의 "통일과 통일비용에 대한 기독교적 이해"를 참고하라.

5 한반도평화연구원, 『통일에 대한 기독교적 성찰』, 18.

6 한반도평화연구원, 『통일에 대한 기독교적 성찰』, 40.

이 등장하면서 한반도 국내에서의 정치적 충돌이 심화했다. 반면 국외적으로 조선은 어떤 대외적 입장을 견지하든지 그것과는 별개로 영국, 미국, 프랑스, 러시아 등 서구 열강에 의한 개방 압력이 가속화되는 상황이었다.[7] 이에 1866년 통상교역을 요구하며 대동강에 정박한 제너럴셔먼호(The General Sherman)는 평양 사람들에 의해 불태워졌다. 당시 배 안에 승선해 있던 한반도 평화를 위해 밀알이 되었던 로버트 토마스(Robert J. Thomas, 1839~1866) 선교사는 조선 땅을 밟지 못하고 죽음을 맞이했다. 이러한 과정에서 토마스 선교사를 죽였던 박춘권에게는 한문으로 번역된 성경책이 전달되었고, 이로써 그가 예수를 믿게 되었다. 그의 집은 이후 평양 대부흥의 중심지인 장대현교회(전신 널다리골교회)의 시작이 되었다. 이렇게 조선은 성경의 전파와 함께 자생적으로 신앙의 열기가 타올랐다. 이후 더 많은 선교사는 조선 땅을 밟으며 평화의 복음이 전해져 교회가 세워져 단기간에 놀라운 부흥을 경험했다. 그래서 평양은 동양의 예루살렘으로 불려 기독교의 진원지 같은 역할을 담당했다.[8]

그러나 일제강점기에 접어들면서 기독교는 일본으로부터 많은 탄압이 있었다. 그 대표적인 사건으로 신사참배 강요는 유일신을 믿는 기독교인들에게 신앙적인 가치를 지킬 것인가, 아니면 개인과 교회로서 저항하고 바꾸기 어려운 현실과 타협할 것인가 하는

---

7 김지은, 『한국교회 분단과 분열의 트라우마를 넘어서』 (서울: 홍림, 2022), 24.
8 윤정란, 『한국전쟁과 기독교』 (파주: 한울아카데미, 2015), 29-114.

문제와 직결되었다. 이러한 과정에서 1951년경 신사참배를 거부하고 박해받았던 교단과 그렇지 않은 교단 사이에 분열이 일어났다. 신사참배를 둘러싼 입장 차는 교회 내 분열과 분리를 가져오는 계기가 되었다. 해방 이후까지 신사참배에 대한 갈등은 해소되지 않은 채 지속되었다.[9] 일각에서는 이후 일어난 한국전쟁과 분단을 신사참배에 대한 한국교회에의 회개 부재에서 기인한 것으로 해석하기도 했다.[10]

2. 전쟁과 평화

19세기 이후, 한반도는 일본, 러시아, 중국과 같은 인접 국가 간의 분쟁과 대립 속에서 전쟁터로 거듭된 외침 전쟁을 경험했다. 1910년, 한국을 강제 병합한 일본은 1939년 국가총동원법을 제정한 이후 조선인을 강제징용(強制徵用)으로 끌고갔으며, 광산과 공장에서 고통스러운 노동을 강요했다. 지원병을 모집하고, 강제 징병 등의 실시로 학병을 포함한 많은 청년은 전쟁터로 내몰렸다. 이때 동원된 한국인은 782만 7,355명에 달하며, 위안부는 여기에 포함되지 않은 숫자다. 1965년, 한일 국교 정상화 당시 한국 정부에 따

---

9 이만열, "분단 70년, 한국기독교의 성찰과 반성", 「한국기독교와 역사」 44(2016), 6-9.
10 김지은, 『한국교회 분단과 분열의 트라우마를 넘어서』, 25.

르면, 노동자, 군인, 군속 등으로 강제 동원되었던 한국인 피해자가 103만 2,684명이라고 했으나, 사실은 이 통계보다 훨씬 더 많은 약 800만 명이 강제 동원된 것으로 추산하고 있다.[11] 1945년 해방을 맞고 5년이 지난 후에 발발한 6.25 한국전쟁은 민족상잔(民族相殘)의 수난이었다. 1950년 6월 25일부터 시작 1953년 7월 27일 정전협정으로 휴전하게 되기까지 3년 1개월(1,129일간)간 계속된 전쟁이었다. 당시 미국 대통령 트루먼(Harry Shippe Truman, 1945~1953 재임)은 "한국전쟁을 공산주의 세력이 대한민국을 공산화하기 위해 도발한 불법 남침"이라고 정의했다.[12] 6.25 전쟁으로 인한 피해는 한국군 62만 명, 유엔군 16만 명[13], 북한군 93만 명, 중국군 100만 명 등 고인 270만 명과 남한에서 99만 968명, 북한에서 150만 명으로 총 250만 명에 달하는 민간인이 죽거나 다쳤다. 남편을 잃은 과부는 30만 명에, 이들에게 딸린 자녀들이 약 51만 7천 명에 달했다.[14]

또한 10만 명의 고아가 생겨났고, 이산가족은 1천만 명에 달했다. 당시 남북한 전체 인구가 약 3천만 명이었는데 전쟁으로 전체

---

11 정혜경, "일제말기 조선인 강제연행·강제노동에 관한 기록사료", 「사림」 24(2005), 1-42.

12 이상규, 『우리에게 평화를 주소서』, 248.

13 한국전쟁 중에 미국은 가장 많은 연인원 485만 명의 병력을 보냈으며, 이 중 5만 4,246명이 전사했고, 46만 8,659명이 부상했다. 1950년 미국육군사관학교 임관자 365명 중 41명이 한국전쟁에서 사망했고, 70명이 부상했다. 많은 병력을 보낸 영국은 6만 2,000명을 파병했는데, 1,078명이 전사하고 2,674명이 부상했다. 유엔 참전국 전체 피해 규모는 사망 5만 7,933명, 부상자 48만 1,155명이었다. 조선일보, 2009. 6. 25.

14 한국기독교역사학회, 『한국기독교의 역사 3』 (서울: 한국기독교역사연구소, 2009), 67.

인구의 3분의 1이 고통을 당했다. 한반도는 황폐로 인해 각종 시설물과 건물, 도로, 철도, 교량, 항만 시설 등 국가와 기간, 사업이 파괴되었다. 주택, 교육시설, 의료시설, 교회 등 종교시설, 문화재도 훼손되거나 파괴되었다. 이 일로 UN군 총사령관이었던 미국의 맥아더(Douglas MacArthur, 1880~1964) 장군은 이 나라를 복구하는 데 최소한 100년이 걸릴 것이라 전망하기도 했다.[15]

　3년간의 전쟁이 초래한 재난과 피해는 상기한 물량적 피해만이 아니라 정신적으로 엄청난 고통을 초래했다. 가족의 상실, 이산의 아픔과 이로 인한 고통은 72년이나 지난 지금까지도 끝나지 않았고, 재난의 범위가 무한정하다. 한국전쟁을 경험한 이후, 남북 간의 긴장은 고조되었고, 상호불신과 적대적 대립, 미움의 감정은 평화만 앗아간 것이 아니라 평화 논의 자체를 앗아갔다. 그렇게 전쟁은 평화의 소중함을 일깨워 주었으나 마음과 대립의 감정이 평화의 염원을 압도한 것이다. 그러나 시간이 지나면서 이런 전쟁 경험이 끝내 평화 논의의 싹을 틔운 것은 부인하지 못할 것이다.[16]

3. 기독교 통일운동과 평화

　현재 북한에서의 선교는 쉽지 않다. 자유로운 북한선교를 위해

15　이상규, 『우리에게 평화를 주소서』, 249.
16　이상규, 『우리에게 평화를 주소서』, 250.

서 통일 혹은 평화로운 교류는 필요한 전제다. 그런데 기독교인들이 처음 통일운동을 시작하게 된 이유는 북한선교가 목적이 아니라 민주주의 회복을 위한 것이었다. 민주화 운동에 이어 한국교회는 통일문제에 대한 깊은 관심을 가지고 통일운동에 본격적으로 뛰어들었던 때가 1980년대이다. 1990년대를 거쳐 오늘날에 진보교회와 보수교회는 구분 없이 한반도의 통일과 평화를 위해 깊은 관심과 노력을 기울이며 북한 돕기에 적극적이었다.

한국교회가 통일운동을 포함한 민족문제에 관여하게 된 것에는 역사적 맥락이 있다. 수용 초기에 기독교는 반봉건 개화운동과 반침략 자주 독립운동을 전개했다. 일제강점기에는 국권회복운동과 근대국가 수립 운동에 일정하게 참여했다.[17] 그리고 1960년대 이래 계속된 군부 통치하에서 처음에 인권과 민주화 운동을 일으킨 기독교인들은 80년대에 들어서서 통일운동에 본격적으로 나섰다. 이러한 운동을 군사정부는 이적행위라고 탄압했으나 교회는 통일운동에 적극적으로 나서게 되었다.[18]

1) 1980년대

1980년대는 기독교 통일운동이 시작된 시기였다. 1980년 3월,

---

17 정지웅, "ACTS 신학과 통일: 교회연합운동과 교회회복운동을 중심으로", 210.
18 이만열, "한국교회, 남북문제를 어떻게 볼 것인가?", 「제3회 한민족 열린포럼 발표문」(2005).

기독교장로회는 통일이 교회의 선교적 과제임을 천명한 후 한국 기독교교회협의회도 1982년 통일문제연구원 운영위원회를 상설 기구로 설치하여 본격적인 통일운동을 시작했다. 장로교 통합 측 도 1986년 제37차 총회에서 '대한예수교장로회 신앙고백서'를 발 표했다. 또한 국제기관들과의 적극적인 협력은 1981년 11월 북미 와 유럽지역에 거주하는 교포 기독교인들로 구성된 '조국통일해외 기독자회'가 북한의 '조국평화통일위원회' 및 '조선기독교로련맹' 대표들과 통일 대화를 가졌다. 이후 1984년 10월 일본 도잔소회의, 1986년 스위스 글리온 회의 등으로 이어지는 지속적인 통일 대회 의 노력 끝에 1988년 2월 29일에는 제37차 한국기독교회 협의회 총회에서 '민족의 통일과 평화에 대한 한국기독교 교회 선언'이 채 택되었다.[19]

2) 1990년대

1990년대는 기독교 통일운동의 대중화를 이루었던 시기다. 1990년 7월에 '조국의 평화통일과 선교에 관한 기독교인 동경 회 의'가 개최되었다. 남북교회 대표들은 '평화통일 희년을 향한 동경 회의 합의문'을 채택했다. 그때부터 매년 8.15를 앞둔 주일 '남북평 화통일 공동 기도 주일 연합예배'를 드리기로 합의하여 이어져 왔

---

19 평화와 통일을 위한 기독교인연대, 『하나님은 통일을 원하신다』(서울: 평 통기연, 2013), 39-40.

다. 같은 해, 12월 1일부터 4일에는 스위스에서 열린 세계교회협의회가 주최한 글리온 제3차 회의에서 남북교회 대표 및 13개국 교회 대표들이 '희년 5개년 공동사업계획'에 합의하고 '한반도 평화통일을 위한 글리온 3차 합의서'를 채택했다. 분단 50년이 된 1995년을 통일 희년이 실현되는 해로 규정하여 다양한 사업을 벌여가기로 합의했다. 1995년 분단 50년이 되는 해였는데 성경의 희년 정신을 응용하여 남북 분단을 해소하는 원년으로 삼고자 기독교인들이 강력한 희망이 반영된 행사가 열렸다.[20]

1993년 8월 15일에 6만 5천여 명의 시민들이 참여한 '남북 인간 띠 잇기 대회'가 치러지기도 했다. 비록 북측의 참여가 이루어지지 않았으나 남한 사회 내에서는 평화통일에 대한 인식을 확산시키고, 민중을 통일의 주체로 내세운 기독교 통일운동의 상징적인 행사였다. 아울러 1994년 북한이 대규모 홍수 피해로 식량난에 처하게 되자 대북 인도적 지원 단체조직이 활성화되고 북한 돕기 운동이 활발하게 전개되었다. 한해 전, 1993년 4월에는 '평화와 통일을 위한 남북나눔운동'이 창립되어 홍수 피해가 심각해짐이 드러나자 북한 돕기 운동에 적극적으로 나서게 되었다. 민간단체들의 활발한 대북 인도적 지원 운동은 남한 사회가 남북관계를 정치 군사적 관점에서 보던 기존의 시각을 경제, 사회, 문화 등 의료보건, 식량 등의 지원활동을 통해 적극적으로 참여하게 되면서 통일운동의 대

---

20 채수일, 『희년 신학과 통일 희년 운동』(서울: 한국신학연구소, 1995).

중화가 이뤄졌다고 평가할 수 있다.[21]

3) 2000년대

2000년대는 진보와 보수 기독교 단체와의 평화운동의 연대활동 시기다. 2000년 6월 15일, 6.15 남북공동선언이 발표된 이후 정부 차원뿐만 아니라 민간차원의 남북교류와 협력이 비약적으로 늘었다. 통일과 관련 기독교 단체들도 수적으로 증가했으며, 보수적인 대북 지원 단체들은 인도적 지원에 적극적으로 협력했다. 더 나아가 북한의 인권 문제를 제기하거나 제3국이나 국내에서 탈북자들을 지원하는 단체들을 세우고 활발하게 활동해 왔다.[22] 그러나 보수적 기독교인들은 대북 인도적 지원사업에 적극적으로 참여하면서도 이데올로기적 측면에 있어서 북한 변화 여부, 상호 주의론과 속도 조절론, 연합제와 연방제, 한미관계와 평화협정 등에서 보수적인 입장을 고수했다.

한편 진보적인 기독교 단체와 보수적인 기독교 단체들의 연대활동은 남남갈등 극복과 교회연합운동의 시험대를 제공한다고 하겠다. 1993년 발족한 '평화통일을 위한 남북나눔운동'은 진보와 보수 기독교가 연합하여 북한에 대한 인도적 지원활동을 활발하게 전

---

21 정지웅, "ACTS 신학과 통일: 교회연합운동과 교회회복운동을 중심으로", 213.

22 정지웅, "ACTS 신학과 통일: 교회연합운동과 교회회복운동을 중심으로", 213.

개한 대표적인 사례라고 할 수 있다. 이러한 진보적 기독교 단체와 보수적 기독교 단체들의 협력 활동은 2010년 10월 7일 '평화와 통일을 위한 기독인 연대'(이후 평화통일을 위한 연대)의 출발로 이어져 더욱 발전된 활동이 기대되었다.[23]

4. 한반도 기독교 통일에 대한 남북한의 인식

남북한 교류에 대한 인식은 서로가 다르다. 남한은 상호 이해와 신뢰를 축적하여 양측 간의 이질성을 극복하고 앞으로 평화적인 민족통일을 이루는 데 기여라는 기대가 있다. 그러나 북한은 남북 교류를 통일전선 구축을 모색한 과거에는 대남 적화통일에, 수세에 몰린 지금은 체제생존 전략에 이용하려고 온 것이 사실이다. 이처럼 남북 종교교류에 대해서도 남북한은 서로 동상이몽(同床異夢)[24]의 목표를 가지고 있었다.[25]

하지만 한편으로는 북측 종교단체의 실망적인 언행이 있었으나 시간의 흐름과 함께 기능주의적 통합이론에 입각한 우리의 기대가 상당 부분 열매를 맺어온 것이 사실이다. 현행 북한 헌법은 종

23 평화와 통일을 위한 기독교인연대, 『하나님은 통일을 원하신다』, 41-43.

24 동상이몽(同床異夢)은 한자리에서 같이 자면서도 서로 다른 꿈을 꾼다는 뜻으로서 겉으로는 같이 행동하면서 속으로는 각기 딴생각을 하는 것을 비유적으로 이르는 말이다.

25 정지웅, "ACTS 신학과 통일: 교회연합운동과 교회회복운동을 중심으로", 214-215.

교건물 신축과 종교의식 허용 등 종교의 자유를 구체적으로 명시하고 있다. 하지만 실제로 당과 국가의 엄격한 통제로 내면적인 신앙과 관련된 종교의 자유는 철저히 제약되고 있다. 이로써 당의 조종하에 있는 조선그리스도교연맹, 조선가톨릭협회 등과 같은 종교단체의 존재와 활동이 부각 되기 마련이다. 이는 물론 북한이 현재 위기에 노출되어 있다는 점에서 종교가 체제 방어적 차원에서 통일전선 구축에 이용되고 있다는 사실을 여실히 보여주는 것이기도 하다.[26]

이러한 가운데서도 과거 남북 종교교류가 이루어질 때 북한의 종교 현상은 종전과는 조금씩 다른 양상을 보였다. 특히 1990년대 후반부터는 식량난 등 경제 상황이 악화에 이르자 이를 극복하기 위해 종교단체들이 남북 종교교류에 적극적인 태도를 보였다. 그런데 이 과정에서 남측 종교인들의 번번한 방북은 물론 공식적인 종교의식 거행, 종교시설 건립 및 복음 등 비록 제한적이기는 하나 북한 종교의 질적인 변화까지도 일부 나타나고 있음을 감지할 수 있었다. 그러나 북한이 과감한 체제변화를 모색하며 진정한 개혁과 개방의 길로 나서지 않는 한 북한의 종교 개방은 미온적인 양상을 띨 수밖에 없다. 비록 더디기는 하나 한국의 기독교는 남북 종교교류의 활성화를 위한 제반 방안들을 모색했다. 이를 꾸준히 실천에 옮길 필요가 있다. 북한은 체제의 속성상 종교 개방을 추진하

---

26 정지웅, "ACTS 신학과 통일: 교회연합운동과 교회회복운동을 중심으로", 215.

는 데 주저하지 않을 수는 없다. 그렇지만 경제적 난국 속에서 남한의 인도적 지원이 필요한 상황이기에 한국의 기독교는 이점을 잘 고려해야 할 것이다.[27] 그리고 북한이 실망스럽더라도 북한 주민에 대한 사랑의 마음을 가지고 남북 기독교 교류 사업을 지속성 있게 확장해 나갈 필요가 있다. 먼저 사랑을 베풀 때, 그들은 심리적 무장해제를 하게 될 것이며, 그러한 연후에 선교의 활동은 자유로워질 것이고 효과 또한 훨씬 배가 될 것이다.[28]

기독교 통일에 대한 남북한의 인식 차이는 남북한 기독교 교류를 활성화로 무엇보다 성령의 역사하심을 기대하는 기도함과 아울러 남북한 기독교 단체의 안정된 교류와 협력 관계를 유지하기 위한 틀이 필요하다. 그것은 남북 기독교 교류의 제도화를 의미한다. 이러한 제도화를 위해서는 우선 남한의 기독교 교단 간의 협의체를 구성하여 힘을 하나로 모을 필요가 있다. 사실 지금 남북한 교류가 많이 제한되어 있으나 언제가 봇물이 터지듯 남북한 교류가 이루어지도록 그리고 사실상의 통일로 갈 수 있도록 함께 노력해야 할 것이다.[29]

기독교인으로서 하나님의 의가 이루어지도록 김정은을 죽여달라고 하나님께 기도해야 하는가? 아니면 원수를 사랑하라는 예수

---

27 정지웅, "ACTS 신학과 통일: 교회연합운동과 교회회복운동을 중심으로", 215-216.

28 정지웅, "ACTS 신학과 통일: 교회연합운동과 교회회복운동을 중심으로", 216-217.

29 정지웅, "ACTS 신학과 통일: 교회연합운동과 교회회복운동을 중심으로", 217.

님의 말씀을 따라 김정은을 용서해달라고 기도해야 하는가? 이 질문은 북한, 그리고 통일이라는 주제가 한국 기독교인들에게 이리도 중대하면서 혼란스러운 것이다. 통일과 북한에 대해 깊이 있게 기독교적으로 성찰하는 통일을 위한 가르침이 필요하다.[30] 평화의 왕으로 오신 예수님의 "네 원수를 사랑하라"라는 가르침은 인간 사회에서 존재하고 있는 모든 적대관계를 청산할 것을 지시한 것이다. 북한에 대한 이러한 가르침을 기독교인들은 따라가기 쉽지 않지만 북한 주민들을 사랑해야 한다. 북한 정부가 제대로 된 평화의 길을 가도록 기도해야 한다. 북한 정부 사랑까지 어렵다고 한다면 북한 정부는 원래 그렇다고 생각하고 관계를 시작하는 사랑이 필요하다. 장기적으로 볼 때 북한과의 교류를 통한 통일의 출발 속에 핵문제 해결을 포함한 모든 문제의 답이 있다.[31]

한반도의 통일은 평화적으로 이루어져야 한다. 평화적 통일을 위해서 독일처럼 북한 주민들은 한국 사회를 선택해야 한다. 그러기 위해서는 우리 사회를 먼저 사람이 살고 싶어 하는 사회로 발전시켜야 한다. 어떻게 하든 나만 잘살려고 몸부림치는 사회가 아니라 이웃 사랑에 관심을 기울이는 가운데 다 함께 더불어 잘사는 나라로 만들어야 한다. 서독이 통일을 촉진하기 위해 동독 주민들에게 여행 경비를 제공하면서까지 구경하러 오도록 초청했던 것은

---

30 한반도평화연구원, 『통일에 대한 기독교적 성찰』, 7.
31 정지웅, "ACTS 신학과 통일: 교회연합운동과 교회회복운동을 중심으로",
   217.

그만큼 내부적으로 자신 있는 공동체를 만들었기 때문이다.[32]

● ● ●

결과적으로, 지속가능한 평화에 대한 기독교적 성찰에 대해서 살펴보았다. 북한의 현실과 평화의 과제는 마음이 무거워지고 힘들어질 때마다 누가복음 10장 25절에서 37절까지의 말씀을 마음에 떠올릴 필요가 있다. 한 율법 교사가 예수님께 물었다. "선생님 내가 무엇을 하여야 영생을 얻으리이까"(25절). 예수님께서 되물으셨다. "율법에 무엇이라 기록되었으며 네가 어떻게 읽느냐"(26절). 율법 교사가 "하나님 사랑과 이웃 사랑"이라고 대답하자, 예수님은 "이를 행하라 그러면 살리라"(28절)라고 대답하셨다. 이러한 예수님의 대답에 으쓱한 마음을 가지고 율법 교사가 물었다. "그러면 내 이웃이 누구이니이까"(29절). 예수님은 이 대목에서 어떤 이야기를 들려주셨는데 그 이야기가 바로 '한 강도 만난 사람의 이웃 이야기'이다. 제목을 '한 강도 만난 사람의 이웃 이야기'로 붙인 이유는 이 이야기의 주제가 바로 '누가 강도 만난 사람의 이웃인가'이기 때문이다. 이 이야기는 율법 교사에게 이웃 사랑에 대해 가르쳐 줄 뿐만 아니라 오늘 한반도 평화에 대한 기독교 성찰에 대해서 이웃 사랑의 태도가 무엇인지, 그리고 사랑의 모습이 어떤 것인지를 알려

32 한반도평화연구원, 『통일에 대한 기독교적 성찰』, 36.

준다.[33]

　지금 한반도는 군사분계선 바로 앞에서 한 강도 만난 사람 같은 북한을 마주하고 있다. 이런 점에서 '한 강도 만난 사람의 이웃 이야기'가 바로 한국 사회와 한국교회 기독교인들에게 주는 성찰의 메시지이다. 이러한 사랑에는 시간과 돈, 더 중요한 마음을 쏟는 일이라 하겠다. 우리가 평화를 준비하는 근본 이유는 그것이 경제적이거나 정치적이거나 유익 또는 다른 이유라기보다 하나님의 마음 때문이다. 물론 북한 동포들을 사랑하지 않고 그냥 지나쳐버릴 수 있는 현실적인 이유가 있다. 하지만 하나님께서 주신 사랑이 우리 안에 있기에 모른 체 할 수 없다.

　진정한 한반도의 평화를 위해서 먼저 한국 사회와 한국교회는 긍휼한 마음을 쏟아야 한다. 한국교회만 감당해야 할 일이 아닌 세계교회가 함께해야 할 이다. 한국교회만 책임지는 것이 아닌 모든 한반도의 국민과 함께해야 할 일이다.[34] 다만 한국교회가 먼저 평화에 더 많은 관심을 가지고 시작하고 먼저 헌신해야 하는 것이 필요하다. 한반도에 하나님의 평화로 열매 맺을 때, 이 평화 한국은 동북아의 평화와 세계평화의 기초가 되어 이 땅에 하나님의 나라가 실현되게 하는 도구로 쓰임 받을 것이다.[35]

---

33 한반도평화연구원, 『통일에 대한 기독교적 성찰』, 9-10.
34 한반도평화연구원, 『통일에 대한 기독교적 성찰』, 10-14.
35 한반도평화연구원, 『통일에 대한 기독교적 성찰』, 91.

04
●

본회퍼 하면 평화다

한반도는 지구상 마지막 남은 분단의 현장이다. 1945년 이후 지금까지 79년 동안 한반도가 초유의 분단이라는 비극적인 고난을 경험하고 있다. 한반도를 남과 북으로 가르고 동서로 가로지르는 155마일 휴전선은 1953년 7월 이후로부터 현재까지 동족상잔(同族相殘) 비극의 상징으로 여전히 남아있다. 한반도는 군사적으로 아직도 종전이 아닌 정전체제로서 언제 전쟁이 다시 시작될 수 있는 갈등과 대립의 상징처럼 인식되고 있다. 아직도 악화의 남북 갈등과 남남갈등의 문제는 한반도의 미래를 어둡게 만든다. 한반도에 부과된 통일이라는 과제는 아무리 강조해도 지나치지 않는다.[1] 인류의 역사는 지배 질서로서의 평화, 세력 균형에 의한 평화와 같은 힘의 논리를 앞세운 거짓 평화에 의해 테러와 전쟁이라는 폭력의 악순환으로 얼룩졌다고 평가할 수 있다. 진정한 평화, 즉 정의로운 평화의 개념을 토대로 한반도의 평화 신학은 한국사와 한국교회에 제안하는 것이 필요하겠다.[2]

과거 한반도의 분단을 극복하고 평화통일을 위해 한국의 군사독재 시절 민주화를 투쟁했던 것은 한국 사회에서 기독교와 그리스도인들이었다. 그때 그들은 히틀러 치하에서 삶을 건 투쟁을 전개했던 디트리히 본회퍼(Dietrich Bonhoeffer, 1906~1945)의 평화를 위한 삶과 평화 신학을 통해 많은 영감과 지침을 얻었다. 1980년대 중반 이후, 한국의 민주화가 시작될 때까지도 평화신학자였던 본회퍼의

---

1 남태욱,『한반도 통일과 기독교 현실주의』(서울: 나눔사, 2012), 11-13.
2 남태욱,『한반도 통일과 기독교 현실주의』, 17.

책들은 계속해서 많은 독자층을 확보하고 있었다. 그리고 그에 따른 연구 또한 꾸준히 계속되었다.[3] 따라서 평화에 대한 신학적 이해를 디트리히 본회퍼를 중심으로 살펴보자.

1. 디트리히 본회퍼의 평화 신학

본회퍼의 평화 신학에 앞서서, 1906년 그는 브레슬라우(Breslau)에서 디트리히와 누이동생 자비네는 칼 본회퍼(Karl Bonhoeffer)와 파울라 본회퍼(Paula Bonhoeffer)의 여덟 남매 가운데 쌍둥이로 태어났다.[4] 부모의 자녀교육은 자녀들의 삶에 다양한 형태로 자양분이 되었다.[5] 무의식적이든 의식적이든 본회퍼가 '타자를 위한 자기 포기'라는 개념을 사유할 수 있는 배경은 부모의 자녀교육 때문이었다.[6]

아버지인 칼 본회퍼는 베를린의 정신의학과 교수였다. 가족 모두는 수도 베를린의 상류층으로서 거대한 집에 살았다. 디트리히 본회퍼에게 있어 가족은 삶의 중심이었다.[7] 그러나 1차 세계 대전

3 한국본회퍼학회, 『디트리히 본회퍼의 신학사상 연구』 (서울: 동연, 2017), 10.
4 Ferdinand Schlingensiepen, *Dietrich Bonhoeffer, 1906-1945: Eine Biographie* (Munich: C, H. Beck, 2006), 21.
5 Eric Metaxas, 『디트리히 본회퍼』, 김순현 역 (서울: 포이에마, 2011), 34.
6 김성호, "사랑의 공동체 '포기', '기도', '용서'", 「신학과 실천」 81(2022), 657.
7 Ferdinand Schlingensiepen, *Dietrich Bonhoeffer, 1906-1945: Eine Biographie*, 21.

은 목가적인 본회퍼 가족의 환경을 산산조각 내었다. 그들의 자녀 중 발터(Walter)는 그 전쟁에서 목숨을 잃었다.[8] 학생으로 매우 훌륭했던 그는 21살 되던 해 1927년에 베를린대학교(Berlin University) 신학부를 졸업했다. 그의 박사학위 논문 『성도의 교제』(Sanctorum Commurio)는 지금까지도 많은 사람에게 읽어지고 논의되고 있다. 일찍이 그는 23세에 대학교수 자격을 받은 잘 나가는 신학자였다.

1930년부터 1931년까지 학창 시절, 그는 뉴욕의 유니언신학대학원(Union Theological Seminary)에서 교환학생으로 수학했고, 뉴욕에서 할렘가의 아프리카계 미국인 공동체와 조우의 경험을 가졌다. 그 예배에 참석했던 본회퍼는 특별히 흑인 영가의 생명력에 감동했다. 그리고 차별로 인해 고통받는 시민 공동체와 만남은 그로 하여 히틀러 치하의 유대계 독일인들의 고통을 더욱 민감하게 느끼도록 만들었다. 유니언에서 본회퍼는 프랑스 평화주의자 장 라세르(Jean Lasserre)와 친구가 되었다. 장 라세르는 본회퍼에게 "국위선양 혹은 영토 확장이라는 야망을 추구하는 그리스도인들의 부조리가 사람들을 죽인다"라는 사실을 보게 해주었다.[9] 또한 그는 본회퍼에게 예수가 제자들에게 명령한 급진적 평화의 실천으로 '원수를 사랑하라', '오른 뺨을 맞거든 왼 뺨을 돌려대라', '오리를 가고자 하거

---

8 Ferdinand Schlingensiepen, *Dietrich Bonhoeffer, 1906-1945: Eine Biographie*, 30.
9 Geffrey B. Kelly & F. Burton Nelson, *A Testament to Freedom: The Essential Writings of Dietrich Bonhoeffer* (San Francisco: Harper Collins, 1995), 11.

든 십리를 가라' 등등은 단지 1세기의 전유물이 아니라 모든 시대의 모든 그리스도인이 세상 끝날까지 지켜야 하는 사실도 깨닫게 해주었다.[10] 이러한 생각들은 본회퍼를 간디에게로 이끌었고, 즉시 그는 연구를 위해 인도로 여행할 계획을 세웠으나 그 여행은 성사될 수 없었다. 왜냐하면 그는 신학생 교육을 하는 고백교회를 도울 수 있도록 독일로 돌아오라는 요청을 받았기 때문이다.[11]

본회퍼는 고위정보국에 근무하던 매형 도나니(Dohnanyi)와 함께 히틀러 암살에 가담했다가 체포되어 39세 젊은 나이로 처형당했다. 1945년 4월 9일에 독일이 항복하기 딱 한 달 전, 본회퍼는 미국에서 흑인 인권운동을 하다가 암살당한 마틴 루서 킹 목사, 엘살바도르의 군부독재에 항거하다 성당에서 암살당한 오스카 로메로 주교와 더불어 영국 성공회에서 20세기의 성자로 추앙되었다.[12] 본회퍼는

---

10 Ferdinand Schlingensiepen, *Dietrich Bonhoeffer, 1906-1945: Eine Biographie*, 90.

11 Dean G. Stroud(Ed.), 『역사의 그늘에 서서: 히틀러 치하 독일 신학자들의 설교』, 진규선 역 (서울: 감은사, 2022), 131. 당시 고백교회의 신학들은 독일대학에 출석하는 것이 금지되어 있었으며, 또한 고백교회의 구성원들은 대학에서 가르치는 것도 허락되지 않았다. 따라서 고백교회는 발트해(Baltic Sea) 연안의 핑켄발데의 외딴 마을에서 지하 신학교를 설립할 수밖에 없었다. 본회퍼는 핑켄발데 신학교 교장으로서 그의 강의를 통해 미래의 고백교회의 목회자들에게 예수의 급진적 제자도의 부르심에 대한 놀라운 해석을 제공하였다. 그의 프랑스 친구에 의해 미국에서 심어진 씨앗들이 독일의 토양에서 열매를 맺은 것이다. 본회퍼는 훗날 자신의 강의를 개정하여 『나를 따르라』(Nachfolge)라는 제목으로 출판하였다. 1937년 9월 경찰은 핑켄발데 신학교를 폐쇄하였다. 그 뒤를 이어 핑켄발데 신학교 출신인 본회퍼의 제자 27명이 나치 수용소에 투옥되었다.

12 손규태, "[불멸의 저자들] 디트리히 본회퍼", https://www.chosun.com/site/data/html_dir/2 2013/04/26/2013042602546.html. (조선일보

평화주의자며, 현대 에큐메니컬 평화운동의 선구자요, 목사요 평화신학자였다. 1934년 8월, 그는 이미 평화를 위한 에큐메니컬 회의를 개최할 것을 제창한 바 있다. 본회퍼의 평화회의 구상은 그 당시에 이루어지지 않았지만 50년이 지나서 실현되었다. 1990년 3월 5일부터 11일까지 서울에서 "정의, 평화, 창조 질서의 보전"(Justice, Peace and Integrity of Creation)을 주제로 평화에 대한 세계대회가 개최되었다.[13]

본회퍼의 평화 신학에 대한 구상과 사상은 1945년 2차 세계 대전 후 핵 시대를 맞아 평화의 문제를 생각하는 데 있어 그 출발점이 되었다. 2차대전 중 '아우슈비츠'의 대학살(Holocaust)과 히로시마-나가사끼 원자폭탄 투하에 따른 인류의 참사에서 그 필요성을 절감하게 되었다. 오늘의 역사 속에서 그 어느 시대보다도 평화에 관한 학문적 연구와 관심이 높은 것은 인류의 생존을 위협하는 핵무기의 개발과 자연환경의 오염에 따른 생태학적 위기에서 비롯된 것이다.[14] 이처럼 본회퍼의 평화 신학은 시대의 변화를 넘어서 오늘의 평화 문제를 생각하는데 큰 의미를 지닌다고 하겠다.[15]

2013. 04. 27.).

13 한국기독교사회문제연구원,『정의, 평화, 창조 질서의 보전 세계대회 자료집』(서울: 한국기독교사회문제연구원, 1990), 31. 이 대회는 1983년 캐나다 밴쿠버에서 개최된 세계교회협의회(WCC) 총회에서 독일 대표에 의해 제안되었고, 그 후 몇 차례의 협의 과정을 거쳐 1988년 8월 10일부터 20일까지 독일 하노버에서 열린 실행위원회에서는 서울에서 개최하기로 최종 결정되어 열리게 되었다.

14 유석성,『현대사회와 사회윤리』(서울: 서울신학대학교 출판부, 1997), 9.

15 한국본회퍼학회,『디트리히 본회퍼의 신학사상 연구』, 261.

1) 평화 신학 강연

1930년대 두 차례에 걸쳐 본회퍼는 평화 신학에 관한 그의 견해를 발표했다. 첫 번째 강연은 1932년 7월 26일 체코슬로바키아 체르노호르스케 쿠펠레(Cernohorske Kupele)에서 개최된 〈국제 청년평화 회의〉에서 "세계연맹 사업의 신학적 근거"라는 제목으로 강연했다.[16] 당시 이 강연 때, 독일은 바이마르공화국이 붕괴 직전으로 세계적 경제공황의 시기에 경제적 위기와 좌우익 극단주의자들이 정치적으로 대결하는 혼란기였다. 본회퍼는 이러한 내적인 정치적 위기를 국제적인 제도와 밀접하게 연관되어 작용 된다고 보았다. 본회퍼의 평화 신학에 관한 관심, 그 운동의 전개 또한 개교회적인 것보다 전 세계적인 접근방법을 시도했다.[17] 본회퍼의 평화 신학 강연은 다음과 같다.

첫째, 본회퍼는 평화 신학의 근거를 교회론적, 기독론적으로 강조했다. 본회퍼는 에큐메니컬 운동에 신학이 없다고 말했다. 에큐메니컬 운동에서 교회의 자기 이해의 새로운 모습을 위해 새로운 신학이 필요하다고 강조했다. 에큐메니컬 운동을 교회의 새로운 모습으로 이해한 본회퍼는 세계연맹 사업의 영역을 '전 세계'라고 주장했다. 그 이유는 전 세계가 그리스도에게 속했기에 장소적 제약을 받지 않기 때문이다. 세계의 주가 되시는 예수 그리스도의 공

---

16 김성호,『디트리히 본회퍼의 타자를 위한 교회』(서울: 동연, 2018), 188.
17 한국본회퍼학회,『디트리히 본회퍼의 신학사상 연구』, 262.

동체로서 교회는 전 세계에 그리스도의 말씀을 말해야 하는 위탁을 받았다. 교회는 그리스도의 현존이다. 따라서 오직 전권을 가지고 복음과 계명을 선포한다. 계명은 구체성이며, 여기에서 그리고 지금 하나님의 계명 인식은 하나님의 계시 행위이다. 우리는 산상 설교를 단순하게 받아들이고 현실화시켜야 한다. 이것이 신적인 계명에 대한 순종이기 때문이다. 산상 설교는 바로 오늘 우리를 위한 하나님의 계명일 수 있는 그의 계명들 안에서 예증이다.[18]

둘째, 본회퍼는 질서를 이해할 때 창조 질서를 거부하고 보존 질서라는 표현을 사용했다. 모든 주어진 질서는 단지 타락한 세계의 부분이기 때문에 창조 질서가 아니다. 타락한 세계의 질서들은 예수 그리스도와 새로운 창조를 향하여 미래로부터 이해되지 않으면 안 된다. 1932년에 그가 사용한 이 보존이라는 표현은 하나님이 새로운 가능성을 보증한다는 것을 뜻한다. 보존은 타락한 세계와 더불어 하시는 하나님의 행위를 의미한다. 그리스도 안에서 계시를 위하여 개방되지 않는 것은 파괴되어야 한다. 본회퍼는 1932년경 몇 년 동안 보존 질서라는 말을 사용했다. 그러나 그 후 신루터교의 오용 때문에 이 표현을 사용하지 않았다. 본회퍼는 이 질서로부터 세계연맹의 평화에 대한 인식을 새롭게 했다.[19]

마지막으로 셋째, 본회퍼는 잘못된 평화주의 이해를 비판했다. 본회퍼는 세계연맹 안의 앵글로 섹슨 계의 신학적 사고의 압도적

---

18 한국본회퍼학회, 『디트리히 본회퍼의 신학사상 연구』, 262-263.
19 한국본회퍼학회, 『디트리히 본회퍼의 신학사상 연구』, 263-264.

인 영향력으로 복음의 현실로서 평화를 지상에 건설된 하나님 나라의 일부로 이해했다. 궁극적인 평화를 만드는 것은 하나님의 재량에 맡기고 우리는 전쟁의 극복을 위한 평화를 실천해야 한다. 그는 보존 질서의 국제 평화는 진리와 정의가 확립되는 곳에 건설된다고 했다. 진리와 정의가 유린 되는 곳에서 평화는 있을 수 없다.[20]

두 번째 강연은 1934년 8월 28일 오전 덴마크의 작은 섬 파뇌(FanÖ)에서 열렸다. 이 회의에서 본회퍼는 "교회와 민족들의 세계"는 7개 항의 테제(These)만 남아있다. 이 강연에서 그는 세계연맹의 신학적, 교회론적 의미와 평화를 위한 세계연맹 사업의 방향(테제 1, 2), 전쟁의 특성(테제 3), 전쟁의 정당성(테제 4), 세속적 평화주의와 전쟁의 거부(테제 5), 전쟁과 평화의 세계관적 평가에 대한 기독론적 비판(테제 6), 기독교 교회적 대답(테제 7)에 관하여 논했다.[21]

본회퍼는 세계연맹의 성격에 대하여 교회론적으로 분명하게 밝혔다. 세계연맹은 자기 스스로가 교회로서 이해하는가 아니면 목적단체로서 이해하는가에 세계연맹의 운명이 결정된다. 세계연맹은 자신을 목적단체가 아니라 교회로서 이해해야 한다. 순종 가운데 함께 하나님의 말씀을 듣고 선포하는데 그의 근거를 가진다. 세계연맹은 교회로서 이해할 때만 교회와 민족들에게 전권을 가지고 그리스도의 말씀을 말할 수 있기 때문이다. 세계연맹 사업이라는

---

20 한국본회퍼학회, 『디트리히 본회퍼의 신학사상 연구』, 264-265.
21 한국본회퍼학회, 『디트리히 본회퍼의 신학사상 연구』, 265.

것은 민족들 가운데서 평화를 위한 교회의 일을 뜻하며 전쟁의 극복과 종식을 위하여 진력하는 것이다. 본회퍼는 평화사업의 적은 전쟁이라고 전제했고, 전쟁의 수단을 가지고 인류의 평화적 복지를 가져올 수 없다고 말했다.[22]

본회퍼는 세속적 평화주의와 기독교의 평화를 구별했다. 세속적 평화주의에서 인간 행위의 척도는 인류의 복지이지만, 교회는 하나님의 계명에 대한 순종이다. 평화를 위한 기독교 교회의 계명은 "살인하지 말라"는 산상 설교에서 예수님의 말씀이다. 그래서 본회퍼는 전쟁을 통한 국가안보, 평화 창출 등을 거부했다. 전쟁은 평화를 창조하는 것이 아니라 인류 멸절을 가져오기 때문이다. 평화를 위한 세계연맹의 에큐메니컬 운동은 조직을 통하여 평화를 실현하겠다는 환상을 버려야 한다. 악마의 세력들은 조직을 통하여 파멸시키는 것이 아닌 기도와 금식을 통하여 파괴할 수 있다(막 9:20). 지옥의 악령들은 오직 그리스도 자신을 통하여 몰아낼 수 있다. 따라서 숙명론이나 조직이 아니라 기도가 중요하다. 기도는 조직보다도 더 강하다고 하였다. 본회퍼는 이렇게 1934년의 긴급하고 위협적인 상황 속에서 정열적으로 산상 설교의 정신에 따라 예수 그리스도에게 단순하게 순종을 하는 행위로서 평화 신학을 주장했다.[23]

---

22 한국본회퍼학회, 『디트리히 본회퍼의 신학사상 연구』, 265-266.
23 한국본회퍼학회, 『디트리히 본회퍼의 신학사상 연구』, 266.

2) 평화 신학 설교

1934년 8월 28일 오전, 파뇌 회의에서 본회퍼는 "교회와 민족 세계"(시 85:8)[24]라는 제목으로 설교했다. 이 설교는 "전 세계의, 거룩한 예수 그리스도의 교회의 하나의 큰 에큐메니컬 공의회를 통해서만 받아들일 수 있는 평화"에 관한 것이다. 본회퍼는 "평화는 그리스도가 세상 속에 존재하기 때문에 설립되어야 합니다. 이는 평화가 하나의 그리스도의 교회가 존재하기 때문에 설립되어야 하는 것을 의미합니다. 이러한 이유로 세상은 여전히 하나의 형태로 살아있습니다. 동시에 이 그리스도의 교회도 모든 민족들에, 모든 민족적, 정치적, 인종적 형태의 모든 경계들 너머에도 살아있습니다. 또한 이러한 교회의 형제들은 그들이 듣는 한 분 주 그리스도의 계명으로 역사, 혈통, 계층의 모든 연합으로 분리되지 않은 상태로 하나 되어있으며 그들의 언어도 연합할 수 있습니다"라고 말했다.[25]

본회퍼는 전 세계의 지체들이 예수 그리스도와 한 몸이 되는 한, 예수 그리스도를 향한 형제로서 그의 평화의 계명과 평화의 말씀에 순종하게 된다며, "그들은 무기를 서로를 향하게 할 수 없을 것입니다. 왜냐하면 그들은 그들의 무기가 그리스도에게 향하고 있

---

24 "내가 하나님 여호와께서 하실 말씀을 들으리니 무릇 그의 백성, 그의 성도들에게 화평을 말씀하실 것이라 그들은 다시 어리석은 데로 돌아가지 말지로다"(시 85:8).

25 김성호, 『디트리히 본회퍼의 타자를 위한 교회』, 190-191.

다는 것을 깨닫기 때문입니다"라고 선포했다.[26] 파뇌에서 그리스도의 몸에 대한 개념을 평화 신학의 근거로 삼은 본회퍼는 평화를 안보 개념과 철저하게 구분하기를, "안보의 길에는 평화에 이르는 길이 존재하지 않습니다. 평화에 이르려면 위험을 감행해야 하기 때문이다. 평화는 그 자체로 엄청난 모험이기 때문에 결코 안전할 수 없습니다. 평화는 안보의 반대 개념입니다. 안보를 요구하는 것은 자기 스스로를 지키고 싶어 하기 때문입니다. 평화는 하나님의 계명에 우리를 온전하게 내어드리는 것을 의미하고, 인간 스스로를 위한 안보를 바라지 않음과 동시에 믿음과 순종으로 민족의 운명을 전능하신 하나님께 맡기는 것을 의미합니다. 인간의 이기적인 목적을 위해 민족의 운명을 조작하려 해서는 안 됩니다. 무기로는 전쟁에서 승리할 수 있습니다. 하나님이 함께하셔야 승리할 수 있습니다. 길이 십자가로 이어질 때 만 비로소 전쟁에서 승리할 수 있습니다"라고 말했다.[27]

이처럼 본회퍼는 안보, 즉 군비축소나 국가 간의 어떠한 협약 등에 의한 평화 설립을 반대하고, 오직 그리스도의 현존을 통해 평화는 가능하다고 설교했다. 그의 파뇌 회의 설교는 쿠펠레에서 주장한 하나의 교회 개념을 그리스도의 몸 개념으로 확장 시켰고, 어떠한 인간적인 안보가 하나님의 계명으로서의 평화 개념에는 속할 수 없다고 보고 있다. 본회퍼의 평화 신학 개념은 철저하게 그리스

---

26 김성호, 『디트리히 본회퍼의 타자를 위한 교회』, 191.
27 김성호, 『디트리히 본회퍼의 타자를 위한 교회』, 192.

도의 현존이 전제되어 아래로부터 위로가 아니라 위에서부터 아래로의 방법으로 형성되는 평화 신학이다.[28]

이 평화 신학의 설교는 하나님의 말씀을 사건으로 선포하는 설교이기에 당시 청중들의 반론이 기록되어 있지 않다. 그러나 1차 세계 대전의 참혹함을 경험하고 당시 독일 사회 내에서의 평화 지향적인 사회 분위기가 발전되어 평화운동 그 자체가 독일인들의 삶의 과제로 인식하던 시대에 성장한 목사 본회퍼는 평화를 철저하게 위로부터 아래로의 방식으로 이해하고, 그의 교회 이해와 상응하게 그리스도의 몸, 그리스도의 현존이라는 개념으로 그리스도론적으로 이해했다. 오늘날의 세계평화의 이름으로 안보를 빌미로 긴장 관계 속의 이어지는 나라 간의 불협화음은 본회퍼가 이해한 평화가 아니다. 그가 말하는 평화 신학은 하나님에게 속한 것이고, 그것이 궁극적이든, 부정적이든 세속적인 기준으로 접근 가능한 개념이 아니었다.[29]

1933년 10월 17일 이후, 본회퍼는 영국 런던에서 목회하고 있었다. 8월 28일 아침 예배 시간에 그는 "교회와 민중들의 세계"라는 제목으로 평화에 관해 설교했다. 이 설교는 청중들에게 깊은 감명과 공명을 일으켰다. 28세의 본회퍼가 행한 이 설교는 그 후 평화를 위한 세계교회협의회의 출발점이 되었다. 이 설교는 앞의 강연과 함께 민중들을 위한 그리스도 평화의 계명을 연관해 선포한 것

---

28 김성호, 『디트리히 본회퍼의 타자를 위한 교회』, 192.
29 김성호, 『디트리히 본회퍼의 타자를 위한 교회』, 192-193.

이다(시 85:8).[30] 따라서 본회퍼는 구페렐의 강연과 파뇌에서의 강연과 설교에서 전 세계의 교회가 예수 그리스도 안에서 하나의 교회가 되기를 호소했다. 이 강연들에는 소위 본회퍼가 박사학위 논문인 『성도의 교제』와 교수 자격 논문인 『행위와 존재』에서 사용했던 '공동체로 존재하는 그리스도' 개념이 용해되어 있다. 세계의 개별 교회들이 하나의 예수 그리스도의 교회, 즉 집단인격을 형성하고 이 하나 된 세계교회는 역사에서 하나님의 뜻을 실현해야 한다. 그런데 '보존 질서' 개념을 통해 세계 연합을 통한 평화 설립이 당시 하나님의 계명, 하나님의 새로운 뜻, 하나님의 새로운 창조행위라고 본회퍼는 말했다.[31] 1차 세계 대전이라는 참혹한 전쟁을 경험했던 본회퍼의 시대적 상황 가운데에서 세계평화란 하나님의 구체적인 계명이자 구체적인 뜻이었다고 이해할 수 있다.[32]

2. 『나를 따르라』의 평화 신학

본회퍼는 산상 설교를 사적인 영역뿐만 아니라 공적인 영역에서 더할 나위 없이 경건한 사람들뿐만 아니라 그렇지 않은 그리스도인들에게도, 양심의 영역을 넘어서서 구체적인 책임 있는 행동을

---

30 한국본회퍼학회, 『디트리히 본회퍼의 신학사상 연구』, 267.
31 김성호, 『디트리히 본회퍼의 타자를 위한 교회』, 193.
32 김성호, 『디트리히 본회퍼의 타자를 위한 교회』, 194.

끌어내는 성서 본문이라고 해석했다. 본회퍼는 그리스도인이라면 산상 설교의 말씀을 말씀 그대로 받아들이는 것에서만 그쳐서는 안 된다고 말했다. 그는 그리스도인이 산상 설교를 현실에 처한 상황을 고려해서 재해석해야 한다고 주장했다.[33] 평화 신학에 사로잡혔던 본회퍼는 산상 설교에 관한 수업을 통해 23명의 신학생이자 미래의 독일교회 목사들에게 그리스도의 제자직에 대해 심혈을 기울여 가르쳤다. 무엇보다 평화가 그리스도인들에게 실제로 이 땅에서 어떻게 이해되고 적용해야 하는지를 언급했다.

『나를 따르라』(Nachfolge)와 『성도의 공동생활』(Gemeinsames Leben)은 본회퍼가 파뇌에서 호소했던 평화설교에 담긴 사상을 통해 핑켈발데(Finkelwale) 신학교에서 행한 평화 신학이라 하겠다. 핑켄발데 신학교에서의 신학수업과 기숙사 생활을 통해 본회퍼는 학생들에게 기독교 평화 신학을 다양한 담론을 통해 가르쳤다.[34] 『나를 따르라』에서 본회퍼는 평화 신학을 비폭력과 원수 사랑의 문제를 중심으로 다루었다. 이 책에서 그는 예수님의 부름에 순종하는 신앙, 자기 십자가를 지고 예수 그리스도의 고난에 참여하여 평화를 건설하여 가는 모습에서 평화의 문제를 논했다. 이 책에 나타난 본회퍼의 평화 신학은 두 가지로 요약할 수 있다.

첫째, 십자가 신학에 근거한 제자직의 평화 신학이다. 그는 산상 설교 가운데 "화평하게 하는 자는 복이 있나니 그들이 하나님

---

33 김성호, 『디트리히 본회퍼의 타자를 위한 교회』, 196.
34 김성호, 『디트리히 본회퍼의 타자를 위한 교회』, 197.

이 아들이라 일컬음을 받을 것임이요"(마 5:9)라는 말씀을 해석하기를, "예수를 따르는 자들은 평화를 위하여 부름을 받았다. 예수가 그들을 불렀을 때 그들의 평화를 발견하였다. 예수가 그들의 평화이기 때문이다. 그런데 이제 그들은 평화를 소유할 뿐 아니라 평화를 만들어야 한다. 그리스도의 나라는 평화의 나라이다. 그리스도의 공동체는 서로 평화의 인사를 나눈다. 예수님의 제자들은 다른 사람에게 해를 끼치기보다 스스로 고난 당으로써 평화를 지킨다. 예수님의 제자들은 다른 사람들이 파괴하는 곳에서 그들의 사귐을 유지하며, 자기주장을 포기하고, 증오와 불의에 대하여 참는다. 이렇게 그들은 선으로 악을 극복한다. 이러한 증오와 전쟁의 세상 한가운데서 신적 평화의 창설자가 된다. 평화 수립자들은 그들의 주님과 함께 십자가를 진다. 십자가에서 평화가 이루어지기 때문이다. 그들이 이렇게 그리스도 평화작업에 참여하게 되기 때문에 하나님 아들로서 부름을 받고 하나님의 아들들로 일컬어진다"라고 말했다.[35]

본회퍼는 제자직의 주제를 중심으로 부각하는 데 공헌했다. 예수 그리스도를 뒤따르는 제자직은 십자가에 달린 예수 그리스도를 추종함으로써 성립한다. 그는 제자직에로 부름은 예수님의 수난 선포와 밀접하게 연관되어 있다고 했다.[36] 서울신학대학교 조직신

---

35 Dietrich Bonhoeffer, *Nachfolge* (Gutersloh: Gutersloher Verlagshaus, 2002), 88.
36 Dietrich Bonhoeffer, *Nachfolge*, 61.

학 교수 유석성은 제자직에 대하여, "예수 그리스도와의 인격적 결합이요, 십자가를 의미한다. 수난을 위한 제자직의 표현은 그리스도의 십자가를 의미하고, 이 십자가는 철저하게 예수 그리스도의 고난에 동참하는 것을 의미한다"라고 말했다.[37]

기독교 평화신학자 본회퍼는 고난을 이 땅의 평화의 구체적인 형상으로 보았다. 그것은 고난 자체로 머무는 것이 아닌 고난을 함께 지는 제자들의 공동체를 형성하는 것, 고난을 당한 시간과 장소에서의 교회 됨, 이것이 그가 의도하는 고난을 통한 평화 신학의 설립이라고 볼 수 있다. 본회퍼의 고난에 대한 이해는 제자들과 함께 고난의 예수 그리스도가 있다. 기독교 평화주의적 사상에 사로잡혀 있던 본회퍼는 산상 설교를 고난의 지평에서 해석했다. 그렇게 함으로써 그는 평화의 대리적 주체로 이 땅에 서 있는 그리스도의 현실에 참여했다. 그리고 그의 제자 된 오늘날의 그리스도인들에게 평화 신학은 고난에 대한 이해의 지평에서 형성되어야 함을 말했다.[38] 이처럼 본회퍼는 예수 그리스도를 뒤따르는 제자직에서 평화 신학의 원천을 발견하고 십자가에서 평화가 이루어진다고 본 것이다.[39]

둘째, 절대적 비폭력을 통한 비폭력 저항의 평화 신학이다. 그는 평화를 만들어 가는데 폭력이나 폭동을 포기할 것을 강조했다.

37 Yu, Suk-Sung, *Christologische Grundentscheidungen bei Dietrich Bonhoeffer* (Tubingen: University of Tubingen, 1990), 174.
38 김성호, 『디트리히 본회퍼의 타자를 위한 교회』, 197-198.
39 한국본회퍼학회, 『디트리히 본회퍼의 신학사상 연구』, 272.

폭력이나 반란의 방법으로는 그리스도의 일을 결코 도울 수 없다고 했다.[40] 본회퍼는 "예수도 악인을 악한 사람이라고 말했다"라고 말했다.[41] 그러면서 무저항이 세상적 삶의 원리가 되다면 하나님이 은혜로 보존하는 세상 질서를 파괴하는 결과를 가져올 것이라고 했다. 따라서 『나를 따르라』에서 본회퍼의 평화 신학은 비폭력무저항이 아니라 비폭력 저항이다. 그러나 그것은 수동적 저항이다.[42]

3. 『윤리학』과 『옥중서신―저항과 복종』의 평화 신학

평생 과업으로 생각하고 집필한 마지막 책인 『윤리학』(Ethik)과 『옥중서신―저항과 복종』(Widerstand und Ergebung) 등에서 본회퍼의 평화의 삶과 평화 신학은 고스란히 녹아 있다. 하나님의 계명과 예수 그리스도의 현존으로 파악된 그의 평화 신학은 『윤리학』에서 계명의 구체성과 상황성, 현실, 책임의 개념과 연관되어 파악할 수 있다. 1938년 이후, 독일에서는 모든 독일인의 이름으로 자행된 살인적인 유대인 배척주의, 군국주의, 민족주의를 내세우는 정치적 상황이 전개되었다. 그래서 본회퍼는 더는 원칙적 평화주의를 고수

40 Dietrich Bonhoeffer, *Nachfolge*, 87.
41 Dietrich Bonhoeffer, *Nachfolge*, 117.
42 한국본회퍼학회, 『디트리히 본회퍼의 신학사상 연구』, 272-273.

할 수 없었고, 상황에 의존하는 상황적 평화주의를 택할 수밖에 없었다.[43] 여기에서 평화주의적 준칙은 더는 비폭력이나 무저항일수 없었다. 하나님의 계명인 평화는 구체적으로 현실에 적합하게정치적, 책임적 모습으로 실현된다. 그리스도의 현실은 그 자신 안에 세계의 현실을 포함한다. 본회퍼의 직접적, 정치적 행동은 히틀러 암살 음모까지 나아갔다. 이 저항은 기독교인의 신앙적 결단에서 오는 정치적 책임의 행위였다. 구체적인 상황에서 내린 그의 결단은 평화 신학의 실천을 위한 이웃과 오고 있는 다음 세대를 위한책임의 행위였다.[44]

● ● ●

결과적으로, 평화에 대한 신학적 이해를 디트리히 본회퍼의 중심으로 살펴보았다. 한반도 이데올로기를 극복하는 평화 신학에대해 독일 개신교 목사이자 신학자였던 디트리히 본회퍼의 사상은 평화의 삶과 평화 신학을 형성하는 한국교회와 한국 사회에 새로운 모습을 제공해 준다.[45] 본회퍼의 평화 신학은 한국교회에 한반도 평화를 위해 서로가 평화하지 못한 죄책에 대한 고백을 요구

---

43 한국본회퍼학회, 『디트리히 본회퍼의 신학사상 연구』, 273.
44 한국본회퍼학회, 『디트리히 본회퍼의 신학사상 연구』, 273.
45 한반도평화연구원, 『통일에 대한 기독교적 성찰』, 142.

한다.[46]

본회퍼는 이 사명을 전체 교회에 주어진 것이며, 각 개인은 그 일을 수행하도록 부르심을 받았을 뿐이라고 했다. 그는 한 그리스도인이 형제에게 죄를 고백하는 성도의 사귐 속에 있으면, 그는 더는 혼자가 아니라는 이유에 대하여, "첫째, 죄를 고백하는 가운데 성도의 교제로 가는 돌파가 이루어진다. 둘째, 죄 고백 속에서 십자가로 가는 돌파가 이루어진다. 셋째, 죄 고백 속에서 새 생명으로 가는 돌파가 이루어진다. 넷째, 죄 고백 속에서 확신에 이르는 돌파가 이루어진다. 이러한 확신을 얻기 위해서는 죄를 고백할 때 구체적으로 고백하는 것이 중요하다"라고 말했다.[47]

또한 그의 평화 신학은 한국교회에 평화의 삶을 지향할 것을 요구한다. 하나님과 세상을 평화 시킨 예수 그리스도께서 인간에게 선사한 것은 평화의 삶이다. 평화 신학의 주체는 본회퍼의 생애와 신학에서 중요한 위치를 차지한다. 산상 설교에 나타난 예수 그리스도의 교훈에 기초하고 있는 본회퍼의 평화 신학은 파뇌 강연에서 가장 잘 드러난다. 그는 이 강연에서 평화의 가치를 그리스도인들에게 명하신 하나님의 계명으로 이해하고, 세계의 평화는 바로 여기에서 비롯된다고 강조한다. 다시 말해, 국제적인 평화의 질서

---

46 Dietrich Bonhoeffer, *Ökumene, Universität, Pfarramt 1931-1932* (Gütersloh: Gütersliher, 1994), 338.

47 Dietrich Bonhoeffer, 『성도의 공동생활』, 정현숙 역 (서울: 복있는사람, 2017), 186-194.

는 오늘날 우리를 위하시는 하나님의 명령이라는 것이다.[48]

2차 세계 대전이 발발하기 전까지 본회퍼는 모든 수단을 강구하여 전쟁이 일어나지 않도록 노력했다. 그러나 결국 전쟁은 일어났으며, 전쟁의 심각성을 종결시키기 위해서는 문자적 평화 신학을 넘어서지 않으면 안 되었다. 이런 상황을 이해할 때 우리는 현실에 적합한 행동과 하나님 앞에서 책임의 행동을 요구하는 본회퍼의 책임윤리를 보게 된다.[49] 그 당시 본회퍼가 걸어간 길에는 이미 그가 후에 걷게 될 길의 윤곽이 분명히 예시되어 있었다. 구체적으로 그리스도인이 되는 것은 이 세상의 한가운데에서, 그리고 하나님 앞에서 이루어지는 것이다. 평화 신학의 실천은 이론에 접근하고, 이론은 실천을 통해 구현된다.[50]

한국교회는 한반도 및 동북아 지역의 상황이 충분히 안정될 때까지 평화 신학을 통한 삶과 윤리를 계속 강조해야 한다.[51] 그리고 한국 사회의 지속적인 갈등 구조의 종결은 평화의 삶과 평화의 윤리를 지향하는 한국교회의 실천적인 노력을 통해 가능할 수 있다. 먼저 성경과 기독교 평화 신학의 전통에서 말하는 평화의 삶이 각 교회의 현장에서 체계적인 교육을 통해 새로운 형태로 다시 나타나야 한다. 한국교회는 평화 신학을 통한 평화의 삶과 윤리를 지향

---

48 Dietrich Bonhoeffer, *Ökumene, Universität, Pfarramt* 1931-1932, 338.

49 한반도평화연구원, 『통일에 대한 기독교적 성찰』, 147-149.

50 Sabine Dramm, 『본회퍼를 만나다』, 김홍찬 역 (서울: 대한기독교서회, 2013), 27.

51 한반도평화연구원, 『통일에 대한 기독교적 성찰』, 149.

하는 성경 공부, 세미나, 기도회, 수련회 외에도 갈등의 다양한 현장을 직접 체험하는 학습은 한반도 및 동북아 지역의 평화를 위해 필요한 도움을 줄 것이다.[52] 평화 신학을 활발하게 전개했던 디트리히 본회퍼의 사례는 우리에게 좋은 모범이 된다. 평화공동체를 일구어가는 한국교회의 삶이 말과 혀로만 아니라 행함과 진실함으로 나타나기를 추구해야 한다.[53] 모든 것을 잃게 만들어버리는 전쟁이 발발하지 않기를 소망하며, 우리는 평화 신학의 가치를 강조해야 할 것이다.

52 고재길, "독일의 내적 통일과 교회의 역할", 『사회주의 체제 전환과 기독교』 (서울: 한울아카데미, 2012), 111-112.
53 Hermann Schaefer, "독일의 경험 : 화해 없는 통일?", 『통합적인 통일과 그리스도인의 과제』 (서울: 장로회신학대학교출판부, 1999), 40-50.

05

문화인류학적 관점의
평화

생각보다 빨리 변하는 것이 문화다. 특히 한반도의 남한과 북한이 두 개의 국가를 세우고 살아온 지난 70여 년은 전쟁과 이산, 냉전과 산업화의 역사적 격랑을 헤쳐 온 시기였다. 두 국가는 각각 다른 방식의 근대화를 추진하면서 다른 성격의 국민을 만들어 냈다. 많은 사람은 분단이 만든 문화적 이질성을 쉽게 지워지리라 낙관한다. 한민족으로서의 문화적 동질성을 재확인하고 회복하면 될 것으로 생각한다. 그러나 과거의 동질성은 회복되는 것이 아니다. 이미 너무 달라진 남쪽의 문화는 과거로 돌아갈 수 없다. 북한의 문화도 서로의 다름을 있는 그대로 이해하는 작업이 우선 필요하다. 문화인류학의 사명은 아무리 이상하게 보이는 문화라도 그 문화에 대한 편견과 고정관념을 교정할 수 있는 문화 이해의 안경을 처방하는 것이라고 한다.[1]

문화인류학은 "인간의 거울"(Mirror of Man)이라고 불린다. 서울대학교 자유전공학부 교수 한경구는 문화인류학에 대하여, "문화 인류학자들은 구태여 다른 문화로 현지 조사를 떠나는 것은 자신의 문화를 더 잘 알기 위해서, 즉 낯선 곳에서 나를 만나기 위해서다"라고 말했다.[2] 다른 문화를 알게 되고 그 사람들의 시각에서 볼 수 있게 된다는 것은 문화상대주의(cultural relativism)를 가진다는 의미다. 이것은 또한 자문화중심주의를 벗어나기 위해 꼭 필요한 과정이

---

1 정병호, 『고난과 웃음의 나라: 문화인류학자의 북한 이야기』 (파주: 창비, 2020), 15-16.
2 한국문화인류학회, 『처음 만나는 문화인류학』 (서울: 일조각, 2004), 30.

다. 다른 문화와 대면해야만 비로소 자신의 문화적 가치가 절대적인 것이 아니며 자기 삶의 방식이 유일하고도 필연적인 것이 아니라는 사실을 깨달을 수 있다. 문화상대주의는 때때로 고통과 혼란을 수반하기도 한다. 하지만 다른 문화와 함께하는 대면은 성장 과정에서 무뎌지거나 억압되었던 자신의 문화에 대한 의문화 호기심과 감수성을 회복시켜 준다. 즉, 자기 문화를 보다 잘 바라볼 수 있도록 도와준다.[3] 분단 시대의 남과 북이 서로의 문화를 조금 더 선명하게 볼 수 있는 안경의 역할을 할 수 있는 문화인류학적 관점의 평화를 넓히는데 북한을 중심으로 살펴보자.

1. 지리 분야

북한의 문화 이해는 북한의 지리적인 조사와 분석이 필수적이다. 북한의 생활 양식은 그들의 환경적 요인과 무관하지 않다. 더군다나 북한의 지리적 이해는 정치이념인 시대적 이데올로기와 관계없이 역사적으로 존재했던 지역 정서나 생활 습관 등을 대부분 지역적 특성이나 기후 등의 지리적 요인에 의해 형성되기에 지역의 문화적 특징을 이해하는 데 매우 중요한 자료가 된다.[4] 북한은 남한과 함께 아시아 대륙의 동북쪽에 위치하여 동쪽과 남쪽은 동

---

3 한국문화인류학회, 『처음 만나는 문화인류학』, 30.
4 김현웅, 『북한 선교 전략』, 30.

해와 대한해협을 사이에 두고 일본과 마주한다. 서쪽과 북쪽은 서해와 압록강, 두만강 사이에 두고 중국과 러시아와 맞닿아 있다.[5] 특히 압록강은 언더우드 선교사의 "한국교회의 요단강 세례"라고 불리는 집단 세례가 행해진 곳으로 유명하다.

북한이란 1953년 정전협정에 의한 설정된 군사분계선 이북의 지역을 말한다. 한반도 총면적은 22만 2,209.231㎢에서 북한의 면적이 12만 2,762㎢로 북한 총면적은 한반도의 약 55%를 차지한다. 섬을 포함한 우리나라 남북 간 가장 긴 거리는 제주도 남제주군 마라도 남쪽 끝에서부터 함경북도 온성군 풍서리 북쪽 끝까지 1,144.59km나 된다. 북한의 재미있는 것을 소개하는데, 하나는 하루에 100리씩 걷는 사람이 한반도 둘레를 한 바퀴 돌아 구경하려면 적어도 236일은 걸어야 한다는 것과 한반도를 삼천리라고 부르게 된 이유가 있다. 그것은 삼천리라는 말이 서울에서 부산 동래가 천 리, 서울에서 의주가 천 리, 의주에서 두만강 어구가 천 리라는 이조시대(李朝時代) 거리 따짐에서 알려진다.[6]

1) 환경

북한은 한반도를 소개할 때 기후변화에 대해 사계절이 뚜렷하고 맑은 아침의 나라로 표현한다. 한반도 기후는 한 해 평균기온이

---

5 김성철 외 9인, 『북한 이해의 길잡이』 (서울: 박영사, 2000), 2.
6 정종기, 『북한선교개론』 (양평: 아신대학교출판부, 2019), 171-172.

8-12도로서 온화하며 지방마다 기후가 다양하고 북쪽에서 남쪽으로 갈수록 기온이 점점 높아진다. 북쪽과 남쪽의 기온 차는 약 10도 정도다. 북쪽 삼지연 일대는 한해 평균기온이 0도로서 제일 추운 지역이다. 여름의 낮 길이는 북쪽으로 살수록 더 길어진다. 같은 위도상 기온이 서해안보다 동해안이 더 높고 해안보다 내륙 산악 지대가 더 낮다. 평양은 한해 평균기온이 9.7도, 양덕은 7.4도, 원산은 10.6도이다.[7]

한반도의 기후는 바다의 영향을 받는 해양성 기후로 겨울에는 찬 대륙성 기후가 특징이다. 12월에서 3월까지 겨울이 길고, 추운 1월 평균기온이 -6도(남부)에서 -22도(북부 내륙) 정도다. 6월에서 9월까지 여름은 대부분 지역의 7월 평균기온이 20도 정도다. 따라서 연교차는 평양 30도, 중강진 43도 정도로 매우 큰데, 특히 중강진은 한반도에서 기온이 가장 낮은 곳으로 -43.6도를 기록하기도 한다. 해류와 해안산맥의 영향을 받아 동부 해안의 겨울 기온은 서부 해안의 겨울 기온보다 2도에서 3도가량 더 높다.[8] 지구 평균온도에 비해 한반도의 평균온도가 더 올라가는 현상을 고려하면 개마고원은 거주와 농사에 적합한 지역으로 바뀔 수 있다. 이러한 측면에서, 기후 온난화와 해수면 상승에 따라 한반도 농업지도를 재작성하는 것이 필요할 것이다.[9]

7 금성청년출판사,『우리나라 지리와 풍습』(평양: 평양종합인쇄공장, 1991), 163.
8 정종기,『북한선교개론』, 172-173.
9 KAIST 문술미래전략대학원,『카이스트, 통일을 말하다』(서울: 김영사,

2) 인구

북한의 의료시스템이 개선됨에 따라 출생률이 올라가고 평균연령이 늘어날 것이다. 2015년 북한 합계출생률은 1.9명이며, 기대수명은 70.6세다. 2017년 남한 합계출생률은 1.05명이며, 2015년 기대 수명은 82.16세이다. 산술적으로 보면, 남북한 평화와 공존이 저출산에 긍정적 역할을 한 것으로 보이지는 않는다. 다만 남북한 교류 확대와 이로 인한 가치관의 전환 등이 출생률에 긍정적으로 영향을 미칠 것이다.[10]

2022년 한반도의 인구는 북한이 2천 561만 명[11]과 한국(28위)이 5천 182만 명으로 7천 743만 명으로 세계 19위의 나라다. 한반도보다 인구수가 많은 나라는 중국, 인도, 미국, 인도네시아, 파키스탄, 브라질, 나이지리아, 방글라데시, 러시아, 멕시코, 일본, 에티오피아, 필리핀, 이집트, 베트남, 콩고, 튀르키예, 이란, 독일이다. 여기서 북한의 인구는 밝히지 않는다.[12] 남한과 같이 북한도 저출산 고

2018), 45-46.

10 KAIST 문술미래전략대학원, 『카이스트, 통일을 말하다』, 44.

11 북한의 인구는 1942년에 972만 6,000명이었으나 8.15해방 다음 해인 1946년에는 925만 7,000명으로 4년 동안 46만 9,000명이 감소하였다. 1949년에는 962만 2,000명이었으나 6.25 전쟁 이후인 1953년에는 849만 1,000명으로 약 113만 명이 감소하였다. 그 후 1954년 935만 9,000명, 1959년 1,039만 2,000명, 1960년 1,078만 9,000명, 1963년에는 1,156만 8,000명으로 1956년에서 1963년까지 23.65의 높은 인구증가율을 보였다. 정종기, 『북한선교개론』, 173-174.

12 통계청 장래인구, "UN 세계 인구 전망", (2022. 10. 1. 접속).

령화로 진입해서 인구가 느는 속도가 더디다.

3) 행정구역

북한의 행정구역은 1945년 해방 당시 6도 8시 89군이었으나 1952년 12월 행정구역 개편을 통해 4단계로 도(특별시), 시·군(구), 읍· 면, 리(동)의 행정 단위 중 면을 폐지하여 도(특별시, 직할시), 시·군(구역), 읍·리(동, 노동자구)의 3단계 행정구역 체계로 개편하고 군 지역을 재 분할하여 그 수를 증가시켰다. 특히 북한은 광산, 임업 사업소, 공 장 기업소 등 특정 지역에 상주인구가 집중되어 하나의 집단 취락 지구가 형성되면 그곳에 노동자구를 설치했다. 1994년 북한의 행 정구역은 9도(평안 남북도, 황해 남북도, 양강도, 자강도, 함경남북도, 강원도), 1특 별시(평양), 3직할시(남포, 개성, 나진·선봉), 25시, 146군, 147읍, 4,213리 와 동, 215노동자 구로 편성되었다.[13] 현재는 9도, 1직할시(평양), 3특급시(남포, 라선, 개성), 24시, 26구역, 148군, 3특구(금강산 관광지구, 개성공업지구, 신의주 특별행정구), 2구(청남구, 수동 구), 3지구(운곡지구, 득장지구, 금호지구)로 구성되어 있다. 북한은 많은 시 와 군의 지명을 변화시켰다. 이런 이름들이 약 100개가 된다. 1977 년 4월에 영흥군이 금야군, 경원군이 새별군(김정일 위원장을 지칭하는 이 름), 경흥군이 은덕군(김일성 주석의 은덕을 기린다는 의미)으로 개칭, 새별과 은덕군은 2005년 원래의 이름으로 바뀌었다. 1981년 8월에는 신파

---

13 김현웅, 『북한 선교 전략』, 32.

군이 김정숙군(김정숙은 김일성의 본처)으로, 함경북도 옹기군이 선봉군으로 개칭, 1981년 10월에는 명간군이 화성군으로 개칭, 1982년 9월에는 퇴조군이 락원군으로 개칭, 1988년에는 후창군이 김형직군(김형직은 김일성의 부친)으로 개칭, 1990년 8월에는 풍산군이 김형권군(김형권은 김일성의 삼촌), 같은 해 9월 평천군이 봉천군으로 개칭되었다.[14] 행정구역의 개편을 살펴보면, 그 변화에 특이할 점은 양강도의 김정숙군, 김형권군, 자강도의 김형직군 등 일부 지명이 김일성의 가족이나 혁명 전사의 이름으로 지어진 것이다.

2. 정치 분야

북한은 우리의 적이면서 동시에 함께 살아가야 할 동반자이다. 우리의 적으로 부르는 것은 한국전쟁 때문이다. 북한을 빨갱이, 공산당, 원수, 핵을 가져 안보를 위협하는 곳으로 불렀다. 그러나 남과 북은 나눌 수 없는 형제와 동지다. 우리는 북한(北韓)을 북조선(北朝鮮)이라고 부르지 않고 정식명칭인 '조선민주주의인민공화국'(朝鮮民主主義人民共和國)이라고도 부르지 않고, 그냥 북한이라고 부른다. 북한이라 부르는 이유는 한반도의 북쪽 지역에 위치해 우리의 동족이라는 의미다. 그러나 그들이 가지고 있는 정치나 경제는 우리와 사뭇 다르다. 북한의 정치체계는 수령의 유일한 영도 아래 통치

---

14 정종기, 『북한선교개론』, 176-179.

05 문화인류학적 관점의 평화

되는 전체주의[15]적 독재체제다. 북한은 국가가 생산과 소유를 가진 계획경제를 추구하는 사회주의다. 그뿐만 아니라 수령을 어버이로 섬기고 그에게 복종을 강요하는 사회주의 대가정 체제이기도 하다.[16] 북한은 과거 소련의 제도를 이식하여 일당 지배체제, 국가 소유제도, 계획 경제체제를 수립했다. 그래서 북한을 소련식 전체주의[17]의 국가로 이해한다. 실제는 사회주의가 갖는 보편적인 성격은 있지만 북한만이 갖는 특수성이 있다. 북한을 일반적인 공산주의 국가나 사회주의 국가로 부르기는 어렵다.[18]

북한 체제 이해의 방법은 여러 가지가 있다. 절대 권력을 갖고 있으며, 체제 전반에 절대적인 영향력을 행사하고 있다. 김일성과 김정일, 그리고 김정은에 대한 정치 분석은 하나의 방법이 될 수

---

15 전체주의는 개인주의나 다원주의를 거부하고 당과 국가라는 이름 아래서 개인의 모든 영역을 장악하고 조정하는 것을 말한다. 즉 국가의 최고 주권이 강하게 주장되는 곳에는 전체주의 국가가 발생한다. Emil Brunner, 『정의와 사회질서』, 전택부 역 (서울: 대한기독교서회, 2008), 110.

16 정종기, 『북한선교개론』, 189.

17 이탈리아의 독재자였던 무솔리니는 1920년대 초반 이탈리아의 파시즘 국가를 지칭하기 위해 전체주의라는 용어를 만들었다. 전체주의는 강제와 억압을 통해 개인 생활의 모든 측면을 통제하고 지시하고자 하는 강력한 중앙집권 통치라는 특징을 갖고 있다. 히틀러의 나치 독일과 스탈린의 소련은 탈중앙 집권화된 대중적인 전체주의라고 할 수 있다. 전체주의 국가는 목표 달성을 위해서는 무엇이든 거부한다. 전체주의 국가에서 전통적인 사회 제도와 조직은 그 활동을 방해받고 억제된다. 다원주의와 개인주의가 쇠퇴하면서 대다수 대중은 전체주의 국가의 이데올로기를 수용하게 되며, 대규모의 조직화 된 폭력은 국가 목표의 추구와 국가이념을 최우선으로 표명하면서 정당화된다. https://100.daum.net/encyclopedia/view/b19j0766a. (2022.10.01. 접속).

18 정종기, 『북한선교개론』, 189.

있다. 사회주의 경제의 특성을 파악하는 것은 북한 체제로 이해하는 중요한 수단이라 할 수 있다.[19] 전 북한 영국 공사를 지낸 태영호는 북한의 정치에 대하여 말하기를, "북한은 더 이상 공산사회가 아니라 세습통치에 기초한 노예사회이며, 김일성 사후 김정일이 내세운 선군정치는 군사독재를 넘어 노예사회와 같은 체계를 수립했다"라고 말했다.[20]

북한 정치의 성격은 간단하게 세 가지로 정의할 수 있다. 첫째, 1당 지배체제로 조선노동당을 최상위 권력기관이다. 둘째, 수령을 최고 영도자로 하는 유일 지배체제다. 셋째, 세습체제다. 수령을 아버지로, 당을 어머니로 사회주의 대가정의 국가를 형성한다. 이러한 배경을 가진 북한은 김일성은 김정일에게, 김정일은 김정은에게 권력을 승계했다. 이러한 권력 승계는 사회주의 국가뿐만 아니라 그 외의 국가에서 찾아볼 수 없는 북한만의 독특한 정치체제 구조다.[21]

1) 김일성 프로필

1912년 4월 15일 항일전사 김형직과 강반석 사이에서 김일성은 평양의 대동강 하류 강변 마을의 한 가난한 가정에서 태어났다.

---

19 경남대학교 북한대학원, 『북한문화, 둘이면서 하나인 문화』 (서울: 한울아카데미, 2006), 19.
20 태영호, 『3층 서기실의 암호』 (서울: 기파랑, 2018), 515.
21 정종기, 『북한선교개론』, 190-191.

1994년 7월 8일 사망에 이르기까지 김일성은 북한을 통치할 사람의 기원과 오늘날 여전히 조선민주주의인민공화국의 인민과 정권을 움직이는 민족주의의 이념적 토양, 역사에 대해 함축하고 있는 인물이다.[22] 그의 청년기는 단 몇 줄이다. 1919년 서양 의학에 매료된 아버지와 열성 기독교 신자인 어머니는 만주로 이주했다. 당시 김성주로 불린 김일성은 1923년에서 1925년까지 잠시 평양에 돌아온 것을 제외하고는 그곳에서 오늘날의 중학교 3학년까지 다녔다. 중국어와 한국어에 능한 그는 스무 살 때부터 항일 게릴라와 중국 공산당에 참가했다. 그는 만주에서 활동한 동북항일연군에서 싸웠다. 북한인들은 그가 1937년 보천보에서 일본 경찰을 공격한 사실을 익히 알고 있다.[23]

그는 두 번 결혼하였는데, 김정숙과 결혼해서 큰아들은 일찍 죽고, 김정일과 딸 김경희를 낳았다. 두 번째 김성애와 결혼해서 아이 셋을 낳았는데, 이후 김정일에 의해 권력에서 배제되었으나 외교 고위직을 누렸다. 사생아들도 있을 것이지만 은닉되었거나 정권의 서열에서 요직을 차지할 수 있었을 것이다. 1946년부터 조국의 아버지라는 숭배가 시작되었고, 2년 후 전국에 동상이 세워지기 시작했다. 경제계획에서 김일성의 북한은 1950년부터 1960년대까지 천리마 운동에 따라 산업화했다. 이 운동은 생산성 증대를

---

22 정병호, 『고난과 웃음의 나라: 문화인류학자의 북한 이야기』, 58.
23 쥘리에트 모리요 & 도리앙 말로비크, 『100가지 질문으로 본 북한』, 조동신 역 (서울: 세종서적, 2018), 59.

통한 경제개발을 자극하기 위한 것이었다. 오늘날도 여전히 사회주의 도약의 시의적 상징이며, 집단농업 시절의 산물이다. 그러나 1960년대에 10%에 달했던 경제성장률은 급속히 저하되었고, 1990년대 초반, 이제껏 김일성의 정치가 구체화 될 수 있었던 소연방의 몰락 직후 마이너스 성장을 거듭했다.[24]

2) 김정일 프로필

1941년 2월 16일, 하바롭스크 부근 바츠코예의 러시아 병영에서 김정일이 태어났다. 1947년 남동생 김만일은 그의 눈앞에서 익사 사고를 당했다. 이어 불과 일곱 살 때 몇 차례 유산 끝에 사랑하는 어머니가 사망했다. 몇 년 후에 아버지가 주석궁의 개인 경호 비서였던 김성애와 재혼했다. 꼬마 김정일은 이 여자를 미워했고, 세 이복동생을 무시했다. 특히 그들 중 맏이인 김평일은 그의 라이벌 상대였고, 계모의 식구들은 김정일 대신 그를 김일성의 후계자로 앉히려 시도했지만 무산되었다.[25]

그는 김일성종합대학 정치경제학과를 졸업했고, 청소년기에 수없이 아버지를 따라 모스크바, 잠시 공부했던 동독의 항공 우주학 연구소, 영어를 공부했다. 그는 1969년부터 이념 부서와 선전선동부에서 일했고, 여전히 공개 행사에 모습을 드러내지 않은 채 대남

---

24 쥘리에트 모리요 & 도리앙 말로비크, 『100가지 질문으로 본 북한』, 59-60.
25 쥘리에트 모리요 & 도리앙 말로비크, 『100가지 질문으로 본 북한』, 72-73.

비밀공작 1983년의 랑군 테러, 4년 후의 KAL 868기 테러의 책임자가 되었다. 아버지의 그늘에 갇혀 있던 시기에 그는 영화와 지하공작에 큰 관심을 가졌다.[26]

그는 동거인과 부인이 다섯이었다. 첫 여자인 홍일천(1942년생, 1966~1969년 결혼생활)은 대졸 출신으로 딸 혜경(1968년생)을 낳았고, 딸은 프랑스에서 공부한 것으로 보인다. 성혜림(1937~2002)은 배우였고, 1970년부터 1980년까지 같이 살았으며, 1971년생 김정남의 모친이다. 김영숙(1947~)은 김일성이 택한 며느리로 딸 하나를 낳았고, 설송은 1974년생으로 현 정권의 고위직이다. 고용희(1953~2004)는 김정일이 가장 사랑하는 여자로, 현 지도자 김정은의 어머니다. 김정은은 삼 남매(정철 1981년생, 정은 1984년생, 여정 1987년생) 중 둘째다. 마지막으로 뛰어난 피아니스트이자 그의 비서였던 김옥(1964년생)은 2004년에 아들, 2008년에 딸을 낳았다.[27]

3) 김정은 프로필

2012년 1월 김정은의 권력 등극은 국제사회를 경악시켰다. 아버지 사망 몇 달 전부터 검증한 그의 역할은 사실 수년에 걸쳐 세심하게 준비된 승계의 결실이었다. 2011년 말 김정은은 서구 사회에 미지의 인물이었다. 그가 수년간 유럽에서 가명으로 살았던 것조

---

26 쥘리에트 모리요 & 도리앙 말로비크, 『100가지 질문으로 본 북한』, 74.
27 쥘리에트 모리요 & 도리앙 말로비크, 『100가지 질문으로 본 북한』, 75.

차 최근에야 알려져 놀라움을 자아냈다. 남과 북 모두의 한국인들에게 외국에서 공부하고 사는 것은 중요한 일이고, 김씨 가족 혹은 정권 엘리트의 몇몇 가족은 오랫동안 스위스와 프랑스에 체류했다. 김정은의 이복누이 김설송은 2005년 프랑스에서 공부한 것으로 추정되며, 조카 김한솔은 르아브르의 정치과학원에서 2년을 보냈다.[28]

김정은은 12살 때 1996년 스위스에 도착해 그곳에서 4년 전부터 베를린에 살고 있던 형 정철과 남매 중 막내인 여정과 합류했다. 어머니 고용희는 평양에 남아있었다. 1996년부터 2000년 사이 김정은은 베를린의 두 국제학교에서 공부했다. IT와 스포츠(농구, 스키) 광 고교생 김정은은 그곳에서 영어, 독일어, 프랑스어를 배웠다. 실제로 평양에 돌아온 김정은은 2002년부터 2007년까지 김일성종합대학과 동명의 군사종합대학에서 수학했고, 보병 장교 첫 3년의 학업 과정과 포병학교 IT 강의도 들었다. 김정일의 사망 오래전부터 그를 관리하고 지도하는 임무를 맡은 고모 김경희와 고모부 장성택의 손에서 보다 정치적인 개인교습을 받았다. 김일성은 일국의 정상에 올랐을 때 33세였고, 김정일은 당내 첫 요직을 맡았을 때 불과 30세였다.[29] 김정은은 할아버지 김일성이 창업하고 아버지 김정일이 어렵게 지킨 대기업 경영권을 물려받은 젊은 재벌 3

28 쥘리에트 모리요 & 도리앙 말로비크, 『100가지 질문으로 본 북한』, 89-90.
29 쥘리에트 모리요 & 도리앙 말로비크, 『100가지 질문으로 본 북한』, 90-91.

세와 비슷하다.[30]

이것은 김일성의 1인 독재를 보장하고, 김정일과 김정은의 권력 세습을 정당화했다. 대중동원체제를 확립하는데 토대가 되었다. 북한은 유일사상 체제라는 이름 아래 주체사상 외에는 어떤 사상도 용납하지 않는다. 오직 수령의 사상, 이론, 방법만이 지도적 사상이며, 사회 전반의 유일한 사상이다. 그리고 유일당으로 조선노동당을 가지고 있다. 북한은 1당 체제로서 당이 국가기관보다 우위에 있다. 북한 정치의 정당 체제는 조선노동당이 유일한 당이기 때문에 전체주의적 일당 독재체제에 해당한다.[31] 북한 노동당은 국가의 고위층으로부터 주민에 이르기까지 모든 생활을 지도하고 감독한다. 군 또한 노동당의 지배를 받는다.[32]

1948년 9월 9일, 북한은 사회주의 정권으로 출범한 이래 김일성과 김정일에 의해 통치되는 과정에 북한이 다른 사회주의와 차별성을 내세워 자신들의 사회주의를 "우리식 사회주의"로 특성화했다. 이로부터 우리식 사회주의는 북한의 이데올로기, 정치체제를 비롯한 사회 전체를 총체적으로 표현하는 대명사화했다. 여기서 우리식 사회주의는 1990년대에 등장한 북한식 사회주의를 총칭하는 개념이다.[33] 우리식 사회주의의 핵심은 유일 체제의 옹호, 그리고 고수라고 할 수 있다. 김일성 사망 이후, 유일 체제의 옹호, 고

---

30 정병호,『고난과 웃음의 나라: 문화인류학자의 북한 이야기』, 46.
31 오일환,『현대북한체제론』, (서울: 을유문화사, 2000), 28.
32 정종기,『북한선교개론』, 197.
33 오일환,『현대북한체제론』, 188.

수라는 측면에서 유훈통치는 우리식 사회주의의 다른 표현이라고 볼 수 있다.

북한은 우리식 사회주의를 채택한 이유는 다음과 같다. 첫째, 새로운 체제수호 논리가 필요했기 때문이다. 1990년대 사회주의의 붕괴로 소련이 해체되는 과정을 지켜본 북한은 체제수호를 위해 새로운 논리가 필요했다. 즉 여타의 다른 나라와 달리 북한의 사회주의는 독특성과 우월성이 있다는 것이다. 둘째, 후계지도자의 이념 창출이 필요했다. 김정일은 1970년대 후계자로 등장한 이래 명실상부한 김일성의 후계자로 자리매김하기 위해서는 김정일의 이데올로기가 필요했다. 이러한 필요가 우리식 사회주의가 표출되었다고 볼 수 있다. 셋째, 변화된 현실 설명 논리가 필요했다. 북한은 마르크스 레닌주의 적용의 한계가 드러남에 따라 주체사상으로 변화했다. 이러한 주체사상을 구현하기 위해서는 우리식 사회주의를 표명할 수밖에 없었다. 즉 우리식 사회주의적 새로운 실천 이념으로 주체사상을 만들어 낸 것이다.[34]

3. 주체사상 분야

북한의 주체사상은 조선노동당과 국가 활동의 유일한 지도적 지

---

34 북한학과협의회, 『북한 정치의 이해』(서울: 을유문화사, 2002), 12.

침으로서 북한 체제 전체를 규정하는 유일사상이다.[35] 주체사상은 마르크스 레닌주의를 한 단계 발전시킨 사상이다. 주체사상은 세계의 주인으로서 사람의 지위와 역할을 강조하며, 마르크스 레닌주의가 인간을 사회적 관계에서 파악한 것에 더하여 인간을 사회와 인간의 관계 속에서 본질적 특성을 파악한다고 본다.[36] 주체사상의 철학적 원리는 그 근본이 마르크스 레닌의 변증법적 유물론이다. 즉 김일성 주체사상으로 마르크스 레닌의 유물론을 대체했다.[37] 이와 같은 김일성의 보고에 따라 대회는 당의 지도 사상에서 마르크스 레인주의를 삭제하고 당 규약을 새로 채택했다. '온 사회의 주체사상화'를 당의 최종 목적으로 규정했다. 그것은 주체사상에 기초한 사상적 통일과 단결을 강화하는 문제, 사상과 기술과 문화의 3대 혁명을 사회주의 건설에서 총노선으로 하는 문제, 그리고 대외 활동에서 자주성을 견지하는 문제 등을 새로 보충한 것이다.[38]

북한에서 주체사상의 체계화는 김정일이 이룩한 것으로 전해지고 있다. 즉 1974년 2월에 개최된 5기 8차 전원회의에서 김정일은 정치위원 겸 후계자로 추대된 이후 첫 구상으로 '온 사회의 주체 사상화'를 당의 최고 강령으로 선포했다는 것이다. '온 사회를 주체사상화'한다는 것은 혁명과 건설에서 김일성의 혁명, 주체사상을

35 오일환, 『현대북한체제론』, 21.
36 양병희, 『북한 교회 어제와 오늘』(서울: 국민일보, 2006), 147.
37 임헌만, 『마음 치유를 통한 북한 선교』, 149.
38 경남대학교 북한대학원, 『북한연구방법론』(서울: 도서출판 한울, 2003), 258- 259.

유일한 지도적 지침으로 삼고 그것을 철저히 구현하여 공산주의 사회를 건설하는 것을 의미하는 것으로 사회생활의 모든 분야를 김일성의 혁명사상, 주체사상의 요구대로 개조한다는 의미였다.[39] 이러한 주체사상은 정치, 경제, 문화, 사회, 외교, 군사, 종교 등 모든 분야에서 유일한 지도 이념으로 삼고 있다. 북한은 1998년 개정된 헌법 11조에 북한을 조선노동당의 영도 밑에 두도록 했다. 그런데 조선노동당은 주체사상을 지도적 지침으로 삼는다. 2009년 개정헌법에서는 주체사상을 선군사상과 더불어 자기 활동의 지도적 지침으로 삼는다고 명시했다. 2010년 노동당 규약의 전문에 조선노동당은 주체사상을 유일한 지도 사상으로 하는 주체형의 혁명적 당이라고 규정했다. 이렇게 함으로써 실제로 북한은 주체사상의 기초 위에서 움직인다.[40]

주체사상은 김일성이 발전시킨 이데올로기로 북한 정권에 토대라 할 수 있다. 위에서 언급한 데로 주체사상은 조선노동당의 모든 활동을 주관한다. 주체는 종종 자급자족으로 잘못 번역되는데, 두 개의 한자로 구성된다. 주(主)는 행동하는 주체를 의미하며, 체(體)는 몸을 뜻한다. 통상적 표현으로 주체성으로 번역될 수 있고, '자율' '독립' '주도권'에서 정치적 함의를 전부 배제한 뜻이다.[41]

북한은 1955년에 소련의 영향력 축소와 당내 남로당파 숙청을

---

39 경남대학교 북한대학원,『북한연구방법론』, 259.
40 정종기,『북한선교개론』, 200.
41 쥘리에트 모리요 & 도리앙 말로비크,『100가지 질문으로 본 북한』, 61.

위해 주체라는 용어가 처음 사용되었다. 당내 파벌 숙청을 단행하면서 경제에서의 자립, 정치에서의 자주를 부르짖으면서 당내 소련파는 제거되었다. 이 주체가 중소의 심화를 빌미로 국방에서의 자위, 정치(외교)에서의 자주로 확대되어 1967년 당 중앙위원회 제4기 15차 전원회의(1976.5.28)에서 김일성 우상화의 '유일 체계'가 확립되어 1인 지배체제가 확립되고 1980년 온 사회 주체 사상화 강화를 통해 부자세습체제를 공고히 했다.[42]

이후 온 사회가 주체사상의 관념에서 벗어나지 못하고 더욱 강화되었다. 김정일 시대에는 선군정치로, 김정은 시대에는 중국통인 숙부의 처형이라는 숙청을 통해, 지배계급과 피지배계급의 차별을 통해 유지하고 있다. 이 주체사상은 마르크스-레닌주의에 사람 위주의 원리를 강조한 것이다.[43] 그러나 1965년 인도네시아 반둥에서 개최된 비 연합 국회의 10주년 행사에서 그는 국가의 자결권 사상을 발전시켰다. 이후 지도자의 호칭은 수령으로 한국의 옛 역사에서 언급된 자위이자 고구려 왕국 당시 부족의 수장을 칭했던 말로 불렀다. 1972년, 주체사상이 헌법에 명시되었다. 1992년에는 유일 주체를 위해 마르크스 레닌주의 언급이 사라졌다. 정치적 독립과 강대국들부터의 독립 의지는 지도자의 얼굴로 자상하고 인민을 보호하고 선조의 슬기를 지닌 것에 집중적으로 표현되었

42 강병문, "남북 대화를 통한 선교적 진전", 「신학과 실천」 56(2017), 604.

43 이찬석, "북한 선교를 위한 '주체사상'과 '유물론적 신학'의 대화", 「신학과 실천」 51(2016), 585-609.

고, 국가의 일사불란한 혁명 단위를 상징했다.[44]

국제적인 지평에서 국가의 위상을 이해할 수 있는 많은 요소가 있겠지만 특히 이 정권의 향방을 좀 더 잘 파악할 수 있는 개념은 병진(竝進)이다. 2016년 5월, 김정은은 제7차 노동당 대회에서 재확인한 정치노선으로 강대국으로부터의 국가적 독립(자주)을 경제발전(자립)과 핵무기(자위)를 통해 강대국들과 평등한 대화(자주)를 이룩한다는 것이다. 바로 주체가 견지했던 노선이다.[45] 이러한 북한의 정치적 체제는 지도자의 가장 충직한 지지자로 가족이다. 김정일이 여동생 김경화에 의지했던 것 같이 김정은도 여동생 김여정을 권력의 신성으로 만들었다. 오빠와 함께 스위스에서 공부했고, 김일성 군사종합대학 출신인 김여정은 현재 선전선동부 부부장을 맡고 있다. 그러나 가족 중 그런 직책을 맡은 것은 그녀만이 아니다. 형 김정철은 정보전략 부서의 한 책임자이고, 김정은의 이복누이 김설송은 예전에 김정일의 개인 경호를 맡은 바 있다.[46]

4. 경제 분야

먹고사는 경제의 문제는 중요하다. 지상 최고의 경제학자들은

44 쥘리에트 모리요 & 도리앙 말로비크, 『100가지 질문으로 본 북한』, 62-63.
45 쥘리에트 모리요 & 도리앙 말로비크, 『100가지 질문으로 본 북한』, 63.
46 쥘리에트 모리요 & 도리앙 말로비크, 『100가지 질문으로 본 북한』, 97.

북한을 이론의 여지 없이 가장 연구하기 까다로운 나라라고 말한다. 이러한 주제들을 연구하는 미국 경제학자 니콜라스 에버슈타트(Nicholas Eberstadt, 1955~)는 "북한의 경제는 가장 망가진 경제이고, 특히 무 통계 지역(data free zone)이다. 북한 경제의 성과를 말할 때면 정량적 측정이 부재했던 18세기 에덤 스미스의 시대에나 존재했던 설명으로 돌아간다"라고 말했다.[47] 북한의 경제를 파악하는 것은 하나의 도전이다. 유엔이나 한국은행은 평양이 공개적으로 제공한 수치로 이를 가늠하려고 시도했다. 그러나 아무것도 검증할 수 없는 것은 주지의 사실이었다. 그럼에도 평가 중에는 2014년 성장률 1.1%, 실업률 전무, 1980년 이후 상환되지 않은 외채 30억 달러가 있다. 1991년까지 소련의 수혈이 있었고, 이후 중국과 러시아에 도움을 청했다. 무역(총 100억 달러 추정)의 70%는 중국(140개의 중국 업체가 북한 상주)과 거래하고, 러시아 10% 이상, 나머지는 한국, 유럽연합, 아시아와 중동의 몇몇 나라들이다. 2002년과 2009년에 추진된 경제 개혁은 2012년부터 김정은에 의해 강화되었고(농업과 산업), 북한인들의 전체적 삶의 수준을 개선했다.[48]

2017년 발표된 미국 CIA의 보고서 〈The World Factbook〉에 따르면, 2015년 기준 북한의 구매력 기반 GDP는 1,700불에 달한다. 통계청의 〈2017년 북한의 주요 통계지표〉에 따르면, 2016년

47 Nicholas Eberstadt, *The North Korea Economy* (NJ: Transaction Publishers, 2007).

48 쥘리에트 모리요 & 도리앙 말로비크, 『100가지 질문으로 본 북한』, 224-225.

북한의 1인당 국민총소득은 146만 원이다. 북한은 2016년 경제성장률이 3.9%로 같은 해 2.8%였던 한국에 비해 1.1%가 높았다. 국제적 경제제재가 전방위적인 상황에서 보인 경제성장률이기 때문에 특히 의미가 있다고 하겠다.[49] 북한의 산업은 부의 중요한 부분을 차지한다. 또한 북한은 풍부한 광산자원을 보유하고 있다. 금, 은, 아연, 마그네사이트(전 세계 보유량의 2%에 해당), 텅스텐(전 세계 보유량의 6% 해당), 구리, 석탄, 철광석, 몇몇 희토류 등이 있다. 그리고 북한은 중요한 잠재적 수력발전 에너지, 광대한 숲, 탄화수소(석유, 천연가스)도 있을 것으로 짐작된다.[50] 북한의 지하자원이 적극적으로 개발된다면 북한에 매장된 희토류 다수의 채굴권을 중국이 가지고 있음을 감안해야 하나, 희토류와 배터리 등의 개발을 연계해서 산업전략과 연계할 수 있다.[51]

그러나 에버슈타트가 지적했던 것처럼 이들 잠재력은 엉망으로 관리되고 있어 미개발되었다. 이러한 결점은 앞으로 제재에도 불구하고 경제와 핵을 동시에 노린 병진(並進) 개념을 도입하여 메울 수 있다. 북한은 오랫동안 지하 조직망, 물물교환 불법 거래(마약, 위폐, 돈세탁, 무기)를 통해 경제적으로 살아남았다. 이제는 신생 산업화를 재개하고 있다(버스, 지하철, 선박, 전자제품, 태양전지판). 현지의 완전한 생산물과 수입 부품의 현지 조립을 구분하기 어렵다. 하지만 과거

---

49 KAIST 문술미래전략대학원, 『카이스트, 통일을 말하다』, 43.
50 쥘리에트 모리요 & 도리앙 말로비크, 『100가지 질문으로 본 북한』, 225.
51 KAIST 문술미래전략대학원, 『카이스트, 통일을 말하다』, 46.

담배와 술에 한정된 희귀한 지역 산물에 비교하면 어쨌든 하나의 성장이라고 볼 수 있다.[52] 특히 북한에서 여성의 역할은 시장 경제의 출현과 밀접하게 연관되어 있다. 1990년대 대기근 당시 매일 직장에 출근해야 했던 남편들보다 자유로웠던 여성들은 생계를 꾸려가기 위해 가정경제를 책임졌다. 여성은 북한 경제인구의 80%를 차지한다. 여성들은 개인적 인맥 외에는 아무런 외부의 도움 없이 정면에서 가족 경제 재정을 관리했다. 작은 땅뙈기를 일구었고, 가격을 책정했고, 협상했고, 목숨을 걸고 중국 국경을 건넜고, 다시 북조선으로 돌아와 시장, 즉 장마당에서 중국산 상품을 팔았다. 처음에는 소매상으로 시작했던 그들은 곧 돈을 빌려 활동의 다변화를 시켰다. 작은 식당과 공장을 열기도 했으며, 신흥 중산층으로 국가의 발전에 깊숙이 개입하여 활동하였다.[53]

5. 생활문화 분야

북한의 문화를 알아보는 것은 북한 체제를 이해하는 중요한 수단이 된다. 북한의 문화 이해는 북한 체제의 특성을 가늠하는 초석이 될 수 있다. 북한의 생활문화를 접할 때 비슷하다고 느끼면서도

---

52 쥘리에트 모리요 & 도리앙 말로비크, 『100가지 질문으로 본 북한』, 225.
53 쥘리에트 모리요 & 도리앙 말로비크, 『100가지 질문으로 본 북한』, 228-230.

순간순간 낯설어지는 것을 북한의 문화정체성으로 자리 잡은 주체의 문제 때문이다. 즉, 생활 양식으로 자리 잡은 주체의 문제가 인민의 행위 형태를 지배하는 담론으로 예기지 않았던 곳에서 드러날 때 당혹감과 이질감을 느끼게 되는 것이다. 그러나 엄밀한 의미에서 이러한 당혹감이나 이질감은 북한 문화에 대한 선입관과 예견으로부터 잉태된 것이라고 할 수 있다. 더 깊은 곳을 들여다보면 남북한의 문화적 차이를 인정하지 않고 그것을 옳고 그름 혹은 우월의 문제로 바라보는 시각 때문이라고 할 수 있다.[54]

1) 결혼

혼기를 앞둔 청춘 남녀들은 보통 연애 혹은 중매를 통해 결혼한다. 예전에는 중매 결혼이 대세였으나 지금은 연애 결혼이 대세다. 청춘 남녀의 결혼에서 가장 큰 문제는 군 복무다. 북한 남자들의 군 복무 기간은 10년이라 이성 교제의 시간이 절대적으로 부족하다. 그러나 능력 있는 남자들은 군 복무 기간 동안 연애하다가 제대할 때 고향으로 돌아오기도 한다. 군에 가지 않는 대학생이나 일반 젊은이들은 연애 결혼을 선호한다.[55] 데이트 코스는 영화관, 볼링장, 교예극장, 유원지 등을 많이 이용한다.

대학생은 졸업할 때까지 원칙으로 연애가 금지되어 있다. 핵심

---

54 경남대학교 북한대학원, 『북한 문화, 둘이면서 하나인 문화』, 129.
55 경남대학교 북한대학원, 『북한 문화, 둘이면서 하나인 문화』, 130.

계층과 적대 계층 간의 연애는 허용되지 않는다. 잘못하면 퇴학을 당할 수도 있지만 보통 남의 눈에 걸리지 않게 몰래 도둑 연애를 한다.[56] 최근 들어, 연애 결혼의 비중이 높아지고 있다. 가족법에서 법적 결혼 연령은 남자는 18세, 여자는 17세 이상이지만 군대와 직장생활로 시간을 보내고 자리를 잡느라 이보다 늦어지고 있다.[57] 약혼식은 식량난 등의 영향으로 많이 사라졌다. 결혼식은 주로 일요일을 비롯한 공휴일에 치러진다. 예전에는 신랑과 신부가 목에 화환을 걸고 결혼식을 치르는 것으로 알려졌다. 최근 들어 꽃가루를 뿌려주는 것을 흔히 볼 수 있다. 혼수는 지역별로 차이가 있다. 평안도나 황해도 지역에서는 신랑이 살림살이 일부를 해가기도 한다. 하지만 함경도에서는 살림살이 모두를 신부가 장만하는 것이 일반적이다.[58]

2) 언어

북한의 언어 정책은 역시 정치적 상황과 밀접한 관련이 있다. 언어를 정의하기를 사람들이 사랑을 나타내며 서로 교제하는 데 쓰는 중요한 수단으로 인식하고 있다. 민족을 이루는 공통성의 하나이며 나라의 과학과 기술을 발전시키는 힘 있는 무기이며 문화의

---

56 김현웅, 『북한 선교 전략』, 144.
57 경남대학교 북한대학원, 『북한 문화, 둘이면서 하나인 문화』, 130.
58 경남대학교 북한대학원, 『북한 문화, 둘이면서 하나인 문화』, 130-131.

민족적 형식을 특징짓는 중요한 표징이 된다. 언어는 혁명과 건설의 힘 있는 무기로서 사람들의 자주적이며 창조적인 생활에 힘있게 복무한다. 즉 고유한 우리말을 적극적으로 살려 쓰는 사람이 유식하고 민족적 긍지와 자부심, 애국심이 높은 사람이고 자기 민족의 언어를 사랑하는 것이 곧 애국자이며 공산주의자라는 것이다.[59]

벌써 광복된 지가 79년이 흘렀다. 광복 후, 남북은 하나의 통일된 조국을 완성하지 못하고 분단되어 여전히 세계 유일한 분단국가라는 오명을 안고 있다. 단일언어를 구사하는 단일민족인 한민족이 지속된 단절로 인해 조금씩 사회문화적으로 이질화가 드러났다. 특히 일상생활에서 사용하는 언어는 분단의 영향을 가장 밀접하게 받는 분야라고 볼 수 있다. 분단되고 단절될수록 언어는 각자의 방식으로 변하게 되고, 종국에 가서는 변화의 무게를 버티지 못하고 별개의 언어로 분리되는 과정을 밟기 때문이다.[60]

남북한 언어의 이질화 문제는 학자들만의 관심사가 아니라 국민의 관심사이기도 하다. 지난 2018년 평창 동계올림픽(2월 9일~25일)을 계기로 남북의 왕래가 다시 시작되면서 때아닌 '오징어'와 '낙지' 논란이 있었다. 남한의 오징어를 북한에서는 낙지라고 부른다는 것이다. 남북한의 언어 차이와 이질화 문제를 여실히 보여주었고, 한반도 통일시대를 위해 남과 북이 무엇을 어떻게 준비해야 하는

---

59 경남대학교 북한대학원, 『북한 문화, 둘이면서 하나인 문화』, 150.
60 KAIST 문술미래전략대학원, 『카이스트, 통일을 말하다』, 77.

지를 다시금 생각하게 했다.[61] 남북한은 비록 분단되기는 했으나 언어적 측면에서 여전히 동질성을 유지하고 있다. 현재 남북한 언어는 음운 체계에서도 커다란 변화가 없으며, 문법적인 면에서도 차이가 없고, 어휘 면에서도 차이는 크지 않다. 다만 어휘의 경우 이념과 정책에 따라 남북한이 차이를 보이는 예가 더러 있다. 남한은 인민, 동무라는 말을 사용하지 않으며, 표준어도 차이를 보이는 경우가 있다. 예로, 남한은 '누룽지'인데 북한은 '가마치'라 부른다. 외래어의 경우에 남한은 '트럭'인데 북한은 '뜨락또르'라고, '백신'을 '왁찐'으로, '로켓'을 '로케트'로, '파마머리'를 '볶음머리'로, '도넛'을 '가락지 빵'으로 다르게 발음하는 경우가 있다.[62]

컴퓨터 전문용어의 경우 '데이터베이스'를 '자료기지'라고 부른다. '폴더'를 '서류철'로 '하드웨어'를 '굳은모'로, '소프트웨어'를 '무른모'로 부른다. 이처럼 상대방의 글을 읽고 이해하는 데 별로 문제가 없는 것은 불행 중 다행이다. 이것은 남과 북의 어문규범이 모두 1933년의 한글맞춤법과 통일안을 기반으로 하고 있다. 1933년 맞춤법은 소위 주시경식 맞춤법으로 불리는 것으로 이전에 수백 년 동안 통용되던 세종대왕의 맞춤법과는 다르다. 다행스럽게도 분단 이후 주시경의 제자들이 남과 북에서 노력한 결과 모두 주시경식 맞춤법을 사용하게 된 것이다.[63]

---

61 KAIST 문술미래전략대학원, 『카이스트, 통일을 말하다』, 77.
62 KAIST 문술미래전략대학원, 『카이스트, 통일을 말하다』, 78.
63 KAIST 문술미래전략대학원, 『카이스트, 통일을 말하다』, 78-79.

3) 예절

설이나 추석 때 북한은 차례상을 차리고 조상에게 큰절을 올린다. 특이한 것은 북한에서 보편화된 선절로 큰절 대신 서서 머리를 깊이 숙여 인사하는 것으로 전통적인 예의범절이다. 근로자들의 경우에는 해당 사업에 필요한 법을 해설해 주어 주민들이 사회주의 제도와 질서를 잘 지키는 도덕과 인격을 갖추도록 유도하고 있다.[64]

4) 장례

북한의 장례는 남한처럼 3일 장이 기본이다. 종교적 의식은 금지되어 있으며, 양초나 향을 사용하지는 않는다. 상복은 일찍부터 사라져 상복을 지어 입거나 굴건제복을 하지 않으며, 남자는 상장(喪章)과 검은 천을 팔에 두르고, 여자는 머리에 흰 리본을 단다. 장례에 필요한 물자들은 국가에서 지급하는데, 병원이나 해당 진료소에서 사망진단서를 발급받아 장례비와 술 등의 물자를 관혼상제 상점에서 구입해서 사용한다.[65]

개인 또는 문중 묘지는 장지로 허용되지 않으며, 각 도, 시, 군별로 일반 주민들을 대상으로 한 공동표지가 조성되어 있다. 북한도

---

64 KAIST 문술미래전략대학원, 『카이스트, 통일을 말하다』, 132-134.
65 경남대학교 북한대학원, 『북한 문화, 둘이면서 하나인 문화』, 134.

묘지난이 심화되어 화장을 공식적으로 권장하고 있으며, 평양을 비롯하여 각 도별로 화장터 건설을 확대하고 있으나 매장을 선호하는 풍조가 강하다. 다만 그 형식은 현대에 맞게 달라졌는데, 비석을 새기는 경우 예전처럼 한자가 아니라 한글로 새기고 석물을 세우지 않으며 소박하게 이름과 생몰 연대를 새긴 비석을 세운다. 북한은 법정상속과 유언상속을 모두 인정하고 있다. 상속 재산은 개인 소유 재산 가운데 개별 재산에 국한되어 사실상 소비품으로 한정된다. 가정 재산은 상속되지 않고 나머지 가족들이 소유한다.[66]

5) 명절

북한은 명절을 사회주의 명절과 민속 명절로 포함한다. 특별히 중요시하는 국가적인 기념일로는 김일성 생일(4월 15일), 김정일 생일(2월 16일), 국제 노동자일(5월 1일), 정권 창립일(9월 9일), 당 창건일(10월 10일), 해방기념일(8월 15일), 헌법절(12월 27일) 등이 있는데, 7대 명절로 불린다. 여기에 양력설을 포함하여 8대 명절로 규정하기도 하는데, 모두 공휴일로 지정되어 있다.

이 외에도 각 분야로 주요 기념일은 소년단 명절인 소년단 창립일(6월 6일), 토지개혁법령 발표일인 농업 근로자절(3월 5일), 사회주의 교육테제 발표일인 교육절(9월 5일), 식목일에 해당하는 식수절(3월 2일), 공군절(8월 20일), 해군절(6월 5일), 청년절(8월 28일) 등이 있다. 이날

66 경남대학교 북한대학원, 『북한 문화, 둘이면서 하나인 문화』, 134-135.

은 해당 부분 근로자들만 휴식을 취한다. 기타 사회주의 관련 명절은 국제부녀자절(3월 8일), 국제노동자절(5월 1일), 국제아동절(6월 1일), 비동맹의 날(9월 1일), 평화의 날(9월 1일) 등이 있다. 이날은 국가적 명절로 공휴일로 지정되어 있다.[67] 민속 명절은 음력설, 한식, 단오, 추석 등이 있다. 북한에서 양력설을 쇠는 데 가장 중요한 명절 중 하나는 김일성과 김정일 생일과 같이 이틀간 쉰다. 사회주의 명절은 법정 공휴일로 정해져서 배급품이 나온다. 주요 명절에는 만수대 언덕의 김일성 동상이나 혁명 열사릉을 찾아 화환을 증정하고 참배하는 것이 관례화되어 있다.[68]

6) 예술

① 음악

북한의 예술 장르로 가장 활발하게 현대화된 장르는 바로 음악이다. 음악은 민족적 요소가 가장 강한 장르로서 어떤 분야보다 민족적 특성이 뚜렷하게 드러난다. 북한은 정권 수립 이후 1950년부터 민족악기 개량사업을 진행했다. 그 직접적인 계기가 된 것은 '전후 복구건설 시기'인 1950년대 후반 "우리 음악을 현대화하기 위하여서는 악기를 더욱 발전시키는 문제도 고려하여야 합니다"라는 김일성의 교시였다. 그리고 1961년 조선노동당 제4차 대회를 기점

---

67 경남대학교 북한대학원, 『북한 문화, 둘이면서 하나인 문화』, 135-136.
68 경남대학교 북한대학원, 『북한 문화, 둘이면서 하나인 문화』, 136.

으로 더욱 확대되었다. 1963년에는 개량된 민족악기 150여 점을 모아 '민족 악기 전람회'를 개최하기도 했다.[69] 악기 개량과 함께 민요의 발굴과 현대화 작업이 추진되었다. 김정일은 민요야말로 "인민의 고유한 민족적 정서와 생활감정에 맞는 참다운 인민의 노래"라고 강조했다.[70]

② 미술

미술 분야는 민족예술의 전통을 재현했다고 하는 조선화를 중심으로 그 원리를 각 분야에서 접목할 것이 강조된다. 조선화는 전통적인 동양화와는 달리 원색 위주이며 형태감이 분명하다는 점에서 차이를 보인다. 오늘날 북한 미술의 과제가 조선화의 형식적 특성과 화법적 특성 등을 시대의 요구에 따라 발전시키는 데 있을 만큼 조선화는 모든 미술의 중심에 있다. 조선화의 개념이 정립된 이후 고구려 벽화의 원리를 응용했다고 하는 조선 보석화 양식이 개발되었으며, 미술의 한 영역으로서 조선 수예 등이 강조되었다.[71]

③ 무용

북한의 무용은 민족적인 색채가 가장 강한 장르 중에 하나로 인식된다. 북한이 정의한 무용은 사람들의 율동적인 움직임을 기본

---

69 경남대학교 북한대학원,『북한 문화, 둘이면서 하나인 문화』, 258-259.
70 경남대학교 북한대학원,『북한 문화, 둘이면서 하나인 문화』, 259.
71 경남대학교 북한대학원,『북한 문화, 둘이면서 하나인 문화』, 261-262.

수단으로 하여 사회 현실과 사상 감정을 표현하는 예술의 한 형태를 말한다. 북한에서 무용은 움직임 못지않게 내용을 중시하며 혁명적인 소재를 중심으로 한 혁명 무용과 민족적인 요소를 강조한 민속무용으로 크게 나눈다. 그러나 이러한 구분은 상대적인 개념으로 민속무용이라고 해도 정치적인 내용이 배제되지는 않는다.[72]

남북한은 분단 이후로 다른 정치체제를 택했고, 예술정책 또한 다른 길을 걸어왔다. 남한의 예술가들이 자유경쟁을 하며 역량을 키워온 것에 비해 북한은 정부 주도로 예술인력을 양성하고 공연무대까지 지도 통제하는 방식을 취해왔다. 따라서 남북한 예술인들의 예술에 대한 인식과 접근 방식에는 차이가 있으며, 이들의 예술작품을 바라보는 대중들의 시각 또한 다를 수밖에 없다. 남북한 간의 정치적 화해 무드가 조성될 때마다 체육 분야 단일팀 구성, 북한응원단 파견, 남북한 합동 음악공연 등을 기획하였으나 그 내용과 방식은 유사한 패턴을 거듭하는 실정이다.[73]

6. 교육 분야

남과 북은 모두 지극히 유교적이다. 그것은 교육에 대단한 중요성을 부여하기 때문이다. 북한은 교육의 지형성을 노동당 당기에

---

72 경남대학교 북한대학원, 『북한 문화, 둘이면서 하나인 문화』, 262.
73 경남대학교 북한대학원, 『북한연구방법론』, 133.

표현했다. 김일성은 그 당기에다 공산주의의 전통적 상징인 노동자의 망치와 농민의 낫 옆에다 지식인 노동자를 배변하는 붓을 추가했다. 북한의 무상 의무 교육은 12년에 걸친다. 유치원 2년, 초등학교 4년, 중학교와 고등학교 6년, 대학 과정은 4~6년이며, 박사 과정에 연장하기가 가능하다. 그들의 고등교육은 두 부류의 기관으로 나눈다. 일반 교육기관(학생 신분의 대학교 연구소)과 성인용 기관(야간대학, 노동자 농민전문학교)으로 후자는 전자의 학위와 등등한 자격으로 학위를 발급한다. 북한은 교육 평등을 자랑한다. 하지만 가장 유명한 대학들은 성분 기준에 따라 좋은 환경 출신의 학생들에게 제한된다.[74]

각 도청소재지에는 엄선된 고등교육기관이 있다. 그러나 항일전사, 김일성의 투쟁 동료, 김정일 정권의 간부와 유관한 엘리트들은 이보다 더 엄선된 교육기관을 이용한다. 아무리 뛰어난 고등학생이 있어도 그의 가정환경이 좋지 않으면 결코 평양의 유명 대학(김일성종합대학과 김책공업종합대학)에 진학할 수가 없다. 반대로 아주 좋은 집안 출신이라도 입학을 보장받지는 못한다. 선발 시험으로 입학하며, 최고의 백그라운드도 필히 시험을 통과해야 하기에 성공을 예단할 수 없다.[75] 사실상 북한 교육의 특수성은 아주 어린 나이에 그들의 재능을 파악하는 데 있다.

---

74 쥘리에트 모리요 & 도리앙 말로비크, 『100가지 질문으로 본 북한』, 281-282.
75 쥘리에트 모리요 & 도리앙 말로비크, 『100가지 질문으로 본 북한』, 282.

•••

　결과적으로, 문화인류학적 관점의 평화를 넓히는데 북한을 중심으로 살펴보았다. 2018년 4월 27일 남북 판문점 정상회담과 6월 12일 북미 싱가포르 정상회담으로 비정상이 정상으로 환원될 것으로 기대했었다. 한반도의 평화와 공존, 번영과 통일의 길은 멀고 좁은 길일 것이다. 국제정치적 요인이 남북한에 끊임없이 영향을 미칠 것이다. 미국과 중국의 경쟁과 갈등이 넓어지고 깊어질 것이다. 그 최전선의 하나가 될 한반도의 평화와 통일은 국제정치의 동향에 큰 영향을 받을 수밖에 없다. 남한의 양극화 심화와 북한의 강경 세력도 한반도의 평화와 공존의 부정적 영향을 미칠 수 있다. 한반도는 평화와 번영을 누리기까지 극복해야 할 변수와 장애물은 수없이 많을 것이다.[76] 북한은 우리와 군사적 대립 상황에 있지만 접촉면을 넓히고 개방 공간으로 유도하여 사회문화적 동질성을 늘려가야 한다. 그들의 마음을 얻어야 평화와 공존이 가능해지기 때문이다.[77] 북한에 대한 문화인류학적 측면에서 우리는 북한 사람을 이해하고, 북한 문화에 대한 깊이를 통해 서로의 마음을 연결해야 할 것이다.

76　KAIST 문술미래전략대학원, 『카이스트, 통일을 말하다』, 36.
77　정병호, 『고난과 웃음의 나라: 문화인류학자의 북한 이야기』, 추천사.

06

종교 현상학적 관점의
평화

동서양을 불문하고 인류 역사와 더불어 많은 종교는 인간의 생활과 항상 같이 존재해 왔다. 우리의 헌법도 종교의 자유를 규정하고 이를 보장하고 있다. 북한의 헌법에도 공민의 기본적인 권리와 의무의 하나로서 신앙의 자유를 언급한다.[1] 그런데 북한은 현재까지 종교의 자유가 가장 낮은 종교박해 국가로 규정되었다. 지난 2014년 4월 30일, 북한은 전 세계 최악의 종교 탄압 국가로서 그 희생자도 증가하고 있다. 북한의 종교자유는 단기간에 획기적으로 개선될 가능성 또한 높지 않은 것으로 평가된다.[2]

북한 이해는 북한 체제의 특수성을 이해해야 한다. 북한의 종교를 이해하는 것도 북한 체제의 특수성 속에서 종교가 어떻게 변화되어 자리매김했는지, 어떻게 종교가 형성하고 있는지를 분석하여 그에 대한 이해가 필요하다. 북한의 상황 속에서 종교가 어떻게 형성하고 있는지를 알기 위해서는 북한의 종교를 좀 더 깊이 있는 연구가 필요하다.[3]

1970년대에 북한은 종교가 사라졌다고 주장했는데, 1980년대 후반에 들어와 새롭게 종교기관과 종교단체가 출현하여 활동을 제기했다. 이 시기에 북한의 대외적 환경을 보면, 1990년대 소련과 동구 공산주의 체제가 붕괴하여 구소련의 위성 사회주의 국가들이 개방체제를 표방하면서 구동구권에서는 제도 교회들이 활성

---

1 윤여상 외 2인,『2014 북한 종교자유 백서』(서울: 북한인권정보센터, 2014), 26-27.
2 윤여상 외 2인,『2014 북한 종교자유 백서』19.
3 송원근,『북한의 종교 지형 변화』(서울: 청미디어, 2013), 3.

화되고 있었다. 이때 북한도 체재 내 종교기관들이 세워지기 시작했다.[4]

해방 이전 북한은 약 3천여 교회[5]와 성당이 세워졌었다. 종교단체들은 성명을 내걸고 대외적인 활동을 하기 시작했다. 북한에 종교인을 양육하는 교육기관이 세워지고, 종교의 경전이 발간되고, 공식적인 종교기관이 건립되고, 김일성종합대학에 종교학과가 신설되었다. 헌법에서는 반종교 선전의 자유 조항이 삭제되고, 주체사상에 의해 종교의 긍정성이 인정되었다. 종교인들은 방북하며 반종교적 정서가 이완되고, 종교단체가 대외적으로 활동하는 등 종교 지형의 변화가 크게 일어난 것이다.[6]

해방 이전 북한은 기독교, 가톨릭 등 서방 종교가 남한보다 먼저 전래 되었고, 불교, 천도교 등 전통 종교도 교세가 왕성하여 주민들의 의식과 생활 속에 종교의 영향이 깊숙이 미치고 있었다.[7] 공식적으로 종교실태 자료를 통해 북한 당국은 기독교인 1만 명, 가톨릭 교인 3천 명, 불교인 1만 명, 천도교인 1만 5천 명으로 총 4만 명 정도로 밝혔다.[8] 이렇게 북한 스스로 발표하는 보고와 해방 이후 종교인의 숫자를 비교해보면 북한의 종교 지형이 얼마나 크게

---

4 송원근, 『북한의 종교 지형 변화』, 21.
5 해방 이전 북한교회 명부는 약 3천여 교회가 있었는데, 감리교, 구세군, 성결교, 장로교, 성공회, 하나님의교회, 조선기독교, 일본장로교, 침례교 등이다.
6 송원근, 『북한의 종교 지형 변화』, 21-22.
7 송원근, 『북한의 종교 지형 변화』, 75.
8 윤여상·한선영, 『2010 북한 종교자유 백서』 (서울: 북한인권정보센터, 2010), 47.

변화되었는지 알 수 있다. 기독교인은 약 20만 명에서 1만 명으로, 가톨릭 교인은 약 5만 7천 명에서 3천 명으로, 불교인은 약 37만 5천 명에서 1만 명으로, 천도교인은 150만 명에서 1만 5천 명으로 줄었다. 전체 인구수 대비 종교인의 비율은 22.2%에서 0.2%로 현저하게 줄어든 것이다.[9] 북한이 공식적으로 인정한 종교인 가톨릭, 천도교, 불교, 기독교, 그리고 해방 이후 오늘에 이르기까지 종교 현상학적 관점의 평화에 대하여 살펴보자.

1. 가톨릭에 대하여

해방 이후 가톨릭에 대한 북한 당국의 정책은 타종교와 비교하면 매우 적대적이다. 불교와 기독교에 대해서는 어용 단체를 만들어 교인들을 회유하는 등 정치적 도구로 이용했으나 가톨릭에 대해서는 그렇게 하지 않았다. 그것은 다름 아닌 타종교에 비해 가톨릭 교인의 수가 적었다. 뿐만 아니라 가톨릭 교인들이 반공 의식이 강했기 때문이다. 북한 당국은 처음부터 조직화할 대상으로 삼지 않았다. 또한 가톨릭은 바티칸을 중심으로 조직화 되어있어 다수의 외국인 성직자들이 포함되어 있기에 공산 정권이 포섭 대상으로 다루기 쉽지 않았던 종교 세력이었다.[10] 해방 당시 북한 지역의

---

9 윤여상 · 한선영, 『2010 북한 종교자유 백서』, 48-49.
10 윤여상 외 2인, 『2014 북한 종교자유 백서』, 89-90.

가톨릭 교구는 평양교구, 함흥교구, 덕원교구 등 3개 교구와 50여 개의 성당과 수도원이 있었고, 신도 수도 5만여 명에 이르렀다. 그러나 남북 분단 이후 공산주의 정권이 수립되면서 가톨릭은 거의 소멸했다. 가톨릭의 경우, 북한 지역에 로마교황청이 설치한 교구가 없어 서울대교구장이 평양 교구장까지 겸직하고 있었다. 교황청이 정식 승인한 사제가 없어 장충성당의 미사는 정식 사제 없이 집전되고 있다. 바티칸 교황청은 남한의 주교를 평양 교구장과 함흥 교구장 서리로 임명함으로써 북한 지역의 교구에 대한 관할권을 남한 측 가톨릭 교구에 위임하고 있다.

현재 북한의 가톨릭은 당과 국가의 개입과 통제하에 있으며, 전국적으로 3천 명의 신도가 있는 것으로 알려져 있다. 북한이 인정하고 있는 공식 성당으로는 1988년 10월에 건축된 장충성당이 있는데, 이곳에는 매주 일요일 마다 100~200명의 신자가 모여 미사를 드리고 있다. 미사에서 행해지는 설교는 기독교 교리 해설뿐 아니라 주한미군 철수, 연방제 통일, 반미 선전 등의 내용도 담고 있다고 한다.[11] 현재는 북한 지역에 상주하는 신부와 수녀 등 성직자가 없기에 북한 가톨릭 관계자는 평신도 중심으로 종교활동을 하고 있다.[12]

11 통일부 통일교육원, 『2016 북한 이해』 (서울: 통일교육원 연구개발과, 2016).
12 윤여상 외 2인, 『2014 북한 종교자유 백서』, 9. 북한의 가톨릭 시기별 활동 내용은 다음과 같다. 1988년 6월 30일 '조선천주교인협회' 결성. 1988년 9월 평양에 '장충성당' 건립. 1989년 10월 1일 로마교황청의 장익 신부 등의 참석한 가운데 첫 미사 거행, 북한 지역에서 처음으로 거행된 천주교 의식.

2. 천도교에 대하여

해방을 전후로 북한 지역에서 신도가 가장 많았던 종교는 천도
교[13]로 알려졌다.[14] 천도교는 종교 가운데 가장 종교의 지형이 넓
은 종교다. 그것은 북한 체재에 가장 잘 적응하며 종교의 지형을
확장한 종교이기 때문이다. 천도교는 북한 체제의 이데올로기에

1991년 10월 '조선천주교인협의회'는 신앙 서적과 기도서 발간 -『천주교를
알자』,『신앙생활의 첫걸름』,『가톨릭의 기도서』. 1999년 1월 '조선천주교협
의회'에서 조선가톨릭협회로 명칭 변경. 1999년~2007년 '조선가톨릭협의
회' 교구및 주교회의 민족화해위원회, 정의구현사제단, 국제 카리타스 지원
품 수령(1999년 이후 지속). 2003년 3월 '조선가톨릭협회' 대표단 명동성당
방문(북측 종교인 105명 남북종교인들과 '3. 1 민족대회' 개최). 2007년 11
월 '조선가톨릭협회'와 주교회의 민족화해위원회 지원 협력 협의. 2008년
장충성당 미사(96명). 2009년 장충성당 보수 및 대북 지원에 대한 협의 진
행. 2010년 창충성당 협의 및 북한 조선가톨릭협회와 '사목권' 협의 구체적
인 결실을 보지 못함. 2011년 한국 주교 북한에 밀가루와 의약품 및 이유식
지원, 2012 장충성당 건립 25주년 행사 및 장충성당 보수 등 종교교류 관련
남북 협의. 2012년 '(사)평화 3000'은 장충성당에서 통일 기원 합동미사, '안
중근의사기념사업회'가 안중근 의사 유적지를 방문하고 평양 장충성당에서
미사. 2013년 중국 하얼빈에서 '안중근 의사 의거 104주년 기념행사' 개최,
11월 10일 장충성당 설립 25주년 기념 합동미사. 송원근,『북한의 종교 지
형 변화』, 99. 윤여상 외 2인,『2014 북한 종교자유 백서』, 92.

13 조선말대사전에는 천도교를 우리나라 종교의 하나인 동학을 갑오농민전쟁
이후에 고쳐 이름 지은 것이며, 교조는 최제우이고 '사람이 곧 한울'이라는
것을 기본 교리로 내세우고 '보국안민'의 지향 밑에 '지상천국'을 건설할 것
을 주장한다고 소개한다. 또한 철학 사전에서도 동학의 인내천 사상을 주
체사상의 사람 중심적 사고와 비교하여 상세히 설명하고 있다. 조선 철학
사 개요는 동학사상이 형태상에서는 종교적인 회피를 띠고 있으나 그 속에
는 인간 평등의 반봉건 사상과 근대적인 민주 사상이 제기되어 있으며 사회
적 평등사상이 표현되어 있다. 최봉익,『대현의 불교철학사상』(평양: 과학
원출판사, 1965), 289-291.

14 김현웅,『북한 선교 전략』, 47.

가장 잘 부합하는 계급적인 기초의 바탕을 두고 있어 수용적이었다.[15] 그 결과 해방 당시 북한의 천도교는 신도 수가 약 150만 명을 가진 주로 남한보다 북한 지역에 많았다. 이 숫자는 당시 한반도 전체 천도교 신도의 70%에 해당한다. 당시 북한 인구가 900만 명 정도인 것을 감안한다면 전 북한 인구의 16% 정도가 천도교 신도였다.[16] 지속적인 증가세를 유지하여 1950년 초에 북한의 천도교는 약 287만여 명에 이르렀다. 이때 기독교인 수는 절반으로 감소했지만 천도교 신도의 수는 해방으로부터 한국전쟁 발발 시점까지 약 5년 동안 무려 두 배나 성장하게 된 것이다.[17]

무시할 수 없는 수와 세력 때문에 북한 당국은 조선불교도연맹이나 조선기독교도연맹처럼 종교단체에 한정하지 않고, 조선천도교 중앙지도위원회와 별도로 북조선천도교 청우당을 허용했다.[18] 천도교청우당 당원의 95%가량이 빈농을 중심으로 한 농민들이었다. 북한 내에서 천도교의 지형이 확대된 것은 천도교의 구성원이 당시 북한 체재의 지지 기반인 프롤레타리아 계급과 동일한 저소득층 노동자와 빈농으로 이루어진 계급적인 지지 기반 속에 있었기 때문이다. 그러므로 종교인 가운데 북한 체제의 토지개혁의 최고의 수혜자는 천도교였다. 그것은 토지개혁에 대해 저항하거나

---

15 송원근,『북한의 종교 지형 변화』, 100.

16 김현웅,『북한 선교 전략』, 48.

17 송원근,『북한의 종교 지형 변화』, 100. 한국전쟁 당시 북조선 종무원 법도 부장이었던 문경재가 월남하여 갖고 온 자료에 근거한 것으로 1950년 3월 현재의 수이다.

18 김현웅,『북한 선교 전략』, 48.

대항할 아무런 이유가 없었기 때문이다. 오히려 빈농과 농민층을 기반으로 했던 천도교는 토지개혁 등의 반제반봉건 조치들을 거치면서 종교의 지형은 더 크게 향상되었다.[19]

이렇게 천도교는 가장 큰 종교 세력으로써 초기 북한 집권 세력과도 상당한 협조 관계를 유지하였다. 1970년대 중반부터 '천도교청우당'이 노동당의 우당으로 활동함에 따라 조선천도교회 중앙위원회 명의의 성명서가 대남공세 차원에서 발표됨으로써 활동이 재개되었으나 종교 본연의 활동은 아니었다. 나름대로 종교적 활동은 1986년 천도교 창도 기념일인 '천일절'의 의식을 거행함으로써 재개되었으며, 이 기념의식은 현재까지도 계속되고 있다. 그리고 1994년 12월에는 단군릉에서 단군제를 거행하기도 하였다.

북한에서 천도교는 이른바 민족종교로 인식되어 다른 종교에 비해 그 활동이 활발한 편이다. 그러나 천도교는 북한 주민들에게 종교적 활동보다는 정치 단체로서의 활동이 더 많이 인식되고 있는 편이다. 1970년대 남북대화가 시작되면서 천도교도 다른 종교단체와 마찬가지로 종교의 자유 위장선전과 대남통일 전선 형성 필요성에 의해 1974년 2월 15일 '조선천도교 중앙위원회'로 개칭했으며. 천도교는 1989년 5월 30일에 '조선 종교연합협의회'를 결성하는 데 주도적 역할을 했다. 2001년 6월, 북한에서 밝힌 천도교인 수는 1만 3천 5백여 명, 청우당원 수는 1만 4천 명이다. 청우당은 1993년 12월 강령과 규약을 수정하여 천도교인이 아니더라도 입

19 송원근, 『북한의 종교 지형 변화』, 100-101.

당을 가능하게 하였다.[20]

2014년, 천도교는 52개 교당이 평양과 각도별로 산재해 있었고, 전국 801개의 기도처가 있었으나 기도처는 아파트 등 일반 주거 시설을 활용하는 것으로 알려졌다. 일반 신도들은 일요일에 10명에서 20명씩 전 교실에 모여 '시일례식'이라는 예배를 드리고 있다. 이때 도정, 교정 등 나이가 많고 공로를 세운 고참 신도가 의식을 지도한다.[21]

3. 불교에 대하여

천도교 다음으로 불교는 북한 지역에서 많은 신도를 가지고 있었던 종교이다.[22] 북한은 남한과 달리 불교의 여러 종파가 없고, 오직 '조선불교도연맹'(약칭 조불련)이 전국적인 조직으로 구성되어 있다. 1945년 12월 26일에 '북조선불교도연맹'이 결성되었으며, 1948년에는 '북조선불교총연맹'으로 개칭하였다. 이를 모체로 1955년에 조불련을 공식 창립하였으며, 이후 조직을 체계적으로 정비하고 각 시 도위원회를 공식 조직화하였다. 조불련은 북한의 사회주의 건설 사업에 동조 또는 협력하는 조직적 기능을 수행했다고 볼수 있다. 북한의 불교는 민족문화유산으로 분류되는 사찰, 목석조

---

20 통일부 통일교육원, 『2016 북한 이해』.
21 윤여상 외 2인, 『2014 북한 종교자유 백서』, 80-81.
22 김현웅, 『북한 선교 전략』, 48.

물, 탱화 등 불교 문화재를 다량으로 보유함으로써 북한 정권의 수립 초기부터 협조 관계를 요구받게 되었다. 1950년 6월 26일 김일성 주석의 전쟁 동참에 대한 방송 연설 이후 불교계는 1950년 7월 15일에 평양에서 불교신앙협회, 불교청년사, 여성불교도회 등 불교단체를 중심으로 연합 회의를 열었고, 1,300명의 불교 신도들이 인민군에 입대했다고 알려져 있다.[23] 또한 강원도 안변 보현사와 석왕사 등 북한의 불교를 대표하는 사찰과 신도들은 당시 화폐로 수백만 원의 성금과 각종 위문품을 인민군에 보내고 파괴된 도로와 교량, 철도를 복구하는 데 참가했다고 북한 당국은 밝혔다.[24]

1989년 7월 1일~8일까지 평양에서 '제13회 세계청년학생축전'이 개최되는 동안 조불련은 불교 대표 3명을 파견하여 각국의 청년, 학생, 종교인들과 친선활동을 전개하는 한편, 평양시 모란봉구역 용화사에서 그들을 위한 환영 의식을 거행하였다. 또한 1991년 1월 23일에는 평양 용화사를 비롯하여 보현사, 표훈사 등 4대 사찰에서 '성도절 및 조국통일기원법회'를 대대적으로 개최하였고, 같은 해 2월에는 평양 광법사가 복원되었다.[25]

특히 1990년대 후반 이후 한국 불교계의 도움으로 북한 지역 사찰 복원과 단청사업이 계속되고 있다. 1999년 11월에는 개성 영통사(27동) 복원에 착수하여 2005년 10월에 완공한 후 2007년부터는

---

23 정태혁, 『북한의 종교』 (서울: 국토통일원, 1979), 29.
24 심상진, 『불교도들의 참다운 삶』 (평양: 조선불교도연맹중앙위원회, 2001), 22.
25 이지범, "북한불교의 역사", 불교닷컴 칼럼(2012.05.01.).

관광사업을 개시하였다. 또한 2004년 11월에는 금강산 신계사 복원에 착수하여 2007년 10월에 3층 석탑만 남아있던 옛터를 예전의 모습으로 복원하고 낙성식을 가졌다.[26]

'오늘의 북한불교'에 따르면 북한에 현존하는 사찰은 64개인 것으로 나타났다(개성 영통사, 금강산 신계사 포함). 지역별로는 평양 5곳, 개성 4곳, 평안북도 19곳, 평안남도 3곳, 자강도 2곳, 황해북도, 2곳, 황해남도 6곳, 양강도 1곳, 함경북도 4곳, 함경남도 7곳, 강원도 9곳 등이다. 남한의 크고 작은 사찰이 5천여 개에 육박하는 것과 비교하면 적은 수치이지만, 종교를 금기시했던 북한의 정책에도 불구하고 64개의 사찰이 남았다는 것은 높이 평가할 만하다.[27] 불교의 교육기관은 1989년 김일성의 지시로 설립된 승려 양성기관인 '불교학원'이 평양 광법사 내에 있다. 또한 김일성종합대학 역사학부 산하에 종교학과를 설치하고 불교의 교리와 의식을 가르치고 있다.[28]

그러나 북한의 불교 사찰들은 그 종교적 의미와 기능을 상실한 채 김일성의 교시에 따라 다만 문화재로서의 가치와 인민들의 문화휴식 공간으로서 기능만이 강조되고 있으며, 다른 불교문화 유산들도 이와 유사하게 평가되고 있다. 이처럼 북한에서 불교는 조선노동당의 외곽단체로 활동하는 '조선불교도연맹'을 중심으로 활동

---

26 통일부 통일교육원, 『2009 북한이해』(서울: 통일교육원 연구개발과, 2009), 242.
27 윤여상 외 2인, 『2014 북한 종교자유 백서』, 84.
28 윤여상 · 한선영, 『2010 북한 종교자유 백서』, 55.

이 이루어지고 있을 뿐 불교 신자들의 신앙생활에 대한 정보는 소개된 적이 거의 없다. 하지만 2000년대 이후에는 사찰 복원사업을 통해 불교 활동이 활발하게 이루어지고 있음을 확인할 수 있다.[29]

4. 러시아 정교회에 대하여

2000년대 이후 러시아 정교회는 북한의 종교활동에 새롭게 참가하고 있다. 2002년 8월 김정일은 러시아의 극동지역 하바롭스크를 찾아 러시아 정교회를 방문하고 북한에 성당을 건립하는 문제를 논의하였다. 그 결과 2002년 9월 25일에 러시아 정교회 단체인 '조선정교위원회'가 발족 되었다.[30] 2003년 1월에는 러시아 정교회의 신부가 평양을 방문하여 성탄절 미사를 집전하기도 했다. 2006년 8월에는 평양에 러시아 정교회 성당인 '정백사원'이 건립되었다.[31] 이 정백사원은 평양 락랑구역 정백동에 위치 해 있으며, 500명의 신도를 수용할 수 있는 규모이다. 2003년에는 러시아 정교회 종사자 양성을 위해 모스크바신학교에 유학생을 보낸 바 있다.[32] 2014년 조선 정교회의 교직자 수는 5명으로 알려져 있으며, 2011년 12

---

29 윤여상 외 2인, 『2014 북한 종교자유 백서』, 84-85.
30 통일부 통일교육원, 『2008 북한이해』(서울: 통일교육원 연구개발과, 2008), 237.
31 통일부 통일교육원, 『2008 북한이해』, 242.
32 윤여상 외 2인, 『2014 북한 종교자유』, .93.

월 기준으로 모스크바신학교를 유학한 표도르 김 신부와 요한 라 신부가 정백사원에 봉직하고 있었다. 이들 신부는 2011년 12월 26 일 김정일 국방위원장 사망 추도미사를 집전하였다.[33]

지난 2014년 1월 8일 국영 러시아의 소리방송은 "정백사원 꾸리 기를 완성하는 문제가 토의되고 있다"라고 보도했다. 그동안 진척 을 이루지 못했던 평양 러시아 정교회 정백사원의 내부 치장작업 인 사원 내부의 성화 그리기 공사 등 최근 들어 북러 양국이 경제 협력 및 문화 교류를 부쩍 강화하는 가운데 진척이 이루어지고 있 다. 한편 러시아의 소리 방송은 주북한 러시아 대사관 직원들과 체 코, 시리아, 중국, 영원의 외교관들이 2013년 크리스마스 때 정백 사원에서 기념미사를 가졌다고 전했다.[34]

5. 이슬람교에 대하여

2013년, 북한은 최초의 이슬람 예배당으로 무엇보다 이란대사관 직원을 위한 것이다. 무엇보다 러시아 정교회와 마찬가지로 두 경 우 모두 사람들과 건축물은 외국인 사회의 구성원들과 잠시 체류

---

33 연합뉴스, "김정일 사후 평양 러 정교회 성당서도 추도식", (2011년 12월 26 일).
34 자유아시아방송(RFA), "평양 러시아 정교회 사원 리모델링", (2014년 1월 8 일).

중인 이들을 위한 것으로 보인다.[35]

6. 무속신앙에 대하여

해방 전 북한의 무속신앙은 상당히 활발했던 것으로 알려졌지만 공산 정권 수립 이후 북한 당국은 무속신앙의 행위를 비과학적인 미신으로 여기고 철저하게 단속하였다. 이에 무당, 점쟁이, 성황당 등 무속 신앙적인 요소들을 찾아볼 수 없게 되었다.[36] 그러나 1990년대 이후 북한 주민들 사이에서는 미신행위가 성행하게 되었는데, 이는 북한의 기근과 자연재해(가뭄, 홍수, 지진)에 직면한 절망에 빠진 사람들은,[37] 이로 인한 심각한 경제난으로 인해 북한 주민들이 생활에 위기를 느끼고 심리적으로 매우 불안한 상태에 있다는 것이다.[38]

1990년 후반에 하나둘씩 생겨나던 점집과 무당이 지금은 평양 한복판에서 일어났으며, 무당이나 굿판은 비사회주의적 현상으로 명백히 불법이지만 이런 현상은 끊이지 않았다. 북한 당국은 무당굿을 미신행위가 확산됨으로서 주요 도시마다 비사회주의 그룹을 조직해, 무당과 점쟁이들에 대한 대대적인 단속을 벌였다. 그러나

35 쥘리에트 모리요 & 도리앙 말로비크, 『100가지 질문으로 본 북한』, 265.
36 이필영, "조선 후기 무당과 굿", 「정신문화연구」 16(1993), 12.
37 쥘리에트 모리요 & 도리앙 말로비크, 『100가지 질문으로 본 북한』, 267.
38 이필영, "조선 후기 무당과 굿", 12.

이들은 워낙 사회 깊숙이 파고든 데다, 주민들도 교묘히 단속을 피해 가고 있어서 근절되기가 쉽지 않다. 게다가 이를 단속해야 할 정부와 군, 보위부 관리들조차 무당과 점쟁이를 찾는 상황이기에 이에 대한 단속이 사실상 이루어지지 않았다.[39]

이러한 북한 당국의 단속에도 불구하고 북한은 무속적 행위가 점점 성행하고 있는 것으로 알려져 있다. 부적을 소지하고 있거나 관상, 손금, 점을 보는 미신행위가 늘어나고 있을 뿐만 아니라 이와 같은 미신행위가 청소년층까지 확산되고 있는 북한은 미신행위 확산 방지에 고심하고 있다.[40]

남한으로 건너온 탈북자들의 경우, 오늘날 다들 점을 본다고 말했다. 결혼 전, 묫자리 선택, 시험 전, 심지어 탈주하기에 좋은 최고의 길일을 정할 때 무당에게 지불 하는 대가는 대체로 현물이다. 은밀한 의식인 치성은 옥수수나 쌀 한두 가마, 풍작을 비는 도당굿은 한두 달 치 식량을 준다. 징도 꽹과리도 없이 정갈하게 치르고 공공질서를 흩뜨리지 않는 한, 비록 법으로 금지되었으나 당국도 묵인한다.[41] 한국행을 결심하는 데에도 점 등의 미신행위는 결정적인 영향을 미치고 있다고 한다. 이러한 현상은 종교의 자유가 보장되지 않는 북한 주민들이 종교에 의지하는 대신 점과 같은 미신행위에 기대하고 있기 때문이라고 볼 수 있겠다.[42]

---

39 윤여상 외 2인,『2014 북한 종교자유 백서』, 95.
40 윤여상 외 2인,『2014 북한 종교자유』, 95-96.
41 쥘리에트 모리요 & 도리앙 말로비크,『100가지 질문으로 본 북한』, 267.
42 윤여상 외 2인,『2014 북한 종교자유』, 96.

7. 예수그리스도후기성도교회에 대하여

북한에서 몰몬교는 포교 활동을 진행하고 있다. 몰몬교 북아시아지역 총책임자인 마이클 링우드 회장은 지난 2013년 3월 25일 언론간담회를 열어 일시 보류하긴 했지만, 북한에 대한 인도주의 지원사업을 꾸준히 해오고 있다고 밝혔다.

몰몬교는 지금까지 미국 워싱턴주의 사과나무 30만 그루를 북한에 보냈다. 링우드 회장은 북한이 몇 년 전부터 사과를 수확하고 있으며, 주민들은 그 사과나무를 'LDS'(Latter-day Saints, 몰몬교의 영어 이름 약자) 사과나무로 알고 있다. 또한 링우드 회장은 세 차례 방북했으며, 북한이 인도적 차원으로 접근하는 종교단체를 일정 부분 용인해왔던 모습을 볼 때, 북한과 몰몬교의 관계는 계속될 것으로 보인다.[43]

8. 기독교에 대하여

북한 지역에서 가장 큰 핍박을 받고 피해받은 종교가 기독교이다.[44] 북한은 정부수립 이후 기독교 세력을 탄압했으며, 이들을 정치적으로 활용하기 위해서 1946년 11월에 공식적으로 '북조선 기독교도연맹'을 설립하였다. 이후 다른 종교와 마찬가지로 1960년

---

43 이수환, 『진화하는 이단 종교』 (서울: CLC, 2019), 159-160.
44 김현웅, 『북한 선교 전략』, 48.

대 말까지 별다른 활동을 보이지 않았다가 1974년 2월에 '조선기독교도연맹'으로 이름을 바꾼 후 강양욱 위원장을 중심으로 활동을 전개하기 시작하였다. 이후 동남아시아와 아프리카를 순방하고, 1974년 8월에 '세계교회협의회'(WCC)에 회원으로 가입을 신청함으로써 북한의 다른 종교에 비해 일찍 해외에 그 존재를 알리고 활발한 활동을 보이기 시작하였다. 그러나 이러한 활동은 정치적, 대외선전적 차원의 활동으로서 북한의 기독교가 종교 본연의 활동이라는 차원에서 대외적으로 인식된 것은 1988년 봉수교회가 설립되면서부터이다.[45]

북한에는 해방 전까지만 해도 교회가 3,000여 개에 달했다. 이후 1989년에는 칠골교회(반석교회), 2005년에 제일교회가 설립되면서 현재까지 북한에 설립된 공인교회는 총 3개로 모두 평양에 위치한다.[46] 봉수교회와 칠골교회는 계기가 있을 때마다 100~300여 명의 신자가 모여 예배와 기도회를 드린다. 북한이탈주민들의 증언에 따르면, 대부분 신자는 50대 이후의 노년층으로 어린이는 전혀 없고, 청년층도 거의 찾아볼 수 없다고 한다.[47] 북한 당국은 기독교 예배 장소인 가정예배 처소로 약 513곳이 있는 것으로 밝히고 있다. 이들의 가정예배 처소는 장로나 집사 등 평신도 등에 운영된다고 하며, 그루터기 신자들로 추정되는 이들이 정부 당국의 허가로

---

45 박성범, "북한의 기독교 복음화 선교를 위한 한국교회의 역할과 방안 고찰", 「개혁논총」 19(2011), 287-288.
46 통일연구원, 『북한인권백서 2013』 (서울: 통일연구원, 2013), 219.
47 통일연구원, 『북한인권백서 2013』, 287-288.

지역별로 모인다. 그리스도인은 약 12,300명이 있는데, 이들 중 약 6,000명이 12~13명 정도로 구성된 가정예배 처소에서 예배를 드린다고 말한다. 김정일 정권 시대 이후 북한의 종교정책은 김일성 이후 크게 변동된 것은 없으나 종교적 토양이나 환경은 많이 변화되었다. 북한에 종교의 자유가 더 확대되었다고 할 수 없으나 꾸준히 기독교의 지형이 확대되고 있음을 알 수 있다.[48]

●　●　●

결론적으로, 종교 현상학적 관점의 평화에 대하여 살펴보았다. 북한의 폐쇄적인 사회 특성상 정확한 종교 현황을 파악하는 것은 현실적으로 불가능하다. 북한 당국이 제공하는 종교와 관련된 자료와 북한을 방문한 종교단체에서 추정한 결과가 대부분으로 자료의 신빙성과 정확성이 문제가 된다. 종교 관련 자료가 제한되어 있어 정확한 종교 현황을 파악하기란 어려우나 기존의 자료와 국내외 자료들을 취합하여 북한의 종교 현황을 살펴보면서, 현실상 북한 종교의 실재를 부인할 수 없으나 북한의 종교는 종교 본연의 기능을 하지 못하고 대외적 활용 가치가 높은 정치적 도구로서 기능만을 한다고 볼 수 있다.[49]

---

48 송원근, 『북한의 종교 지형 변화』, 91-92.
49 윤여상 외 2인, 『2014 북한 종교자유』, 72.

북한에 대한 종교 현상학의 이해는 선교사역에 있어서 가장 강조되는 영역이다. 만일 선교사들이 새로운 선교지에 들어갈 때 현지인들의 종교적인 실제와 신념에 대해서 잘 알지 못한 상태로 새로운 문화권으로 들어간다면, 분명히 여러 가지 복잡하고 어려운 문제들이 발생하게 된다. 그것은 신학과 문화, 그리고 실천과 역사의 문제들에 관계된 것이다. 그래서 선교사가 무엇을 준비해야 하는지에 대한 균형 잡힌 종교 현상학에 대한 지식이 있어야 할 것이다.[50] 이러한 북한에 대한 종교 현상학의 이해를 통해 한국교회는 그리스도인들이 복음을 증거 해야 하는 복음 전도의 사명과 다음 세대에 완수해야 할 세계 선교 사명과 밀접한 관계가 있다는 것이다.

---

50 이수환, 『21세기 선교와 종교현상학』 (파주: 한국학술정보, 2011), 39.

07

한인 디아스포라와
함께하는 평화

다원화되고 세계화된 시대 선교에 한 중심적인 역할을 감당하는 한국교회 선교가 전통적 선교의 패러다임을 넘어서 새로운 선교적 도전으로 간주 되는 한인 디아스포라를 좀 더 중시하고 논의해야 할 연구 과제임을 인식하고 사명임을 고취해야 한다.[1] 남북하나재단의 북한이탈주민 정착 실태조사에 따르면, 2019년 기준 대한민국에 정착한 북한이탈주민은 33,523명으로 집계되고 있다.[2]

반면 북한기독교총연합회 자료에 따르면, 2019년 기준 북한이탈주민 교회는 전국에 56개가 있으며 교회를 출석하고 있는 수는 북한이탈주민 교회와 남한교회에 출석하고 있는 수를 합쳐도 3,000명을 넘지 않는 것으로 추정하였다. 북한이탈주민은 북한을 떠나 중국과 제3국을 경유하여 한국에 들어오기까지 상당수가 교회나 선교단체로부터 크고 작은 도움을 받게 된다.[3]

이른바 "구출 사역"을 하는 남한의 교회와 단체들의 수가 정확히 얼마나 되고 그들을 통해 구출에 투입되는 재원이 총 얼마나 되는지는 사역의 특성상 파악이 어렵다. 그러나 구출 사역에 소위 브로커 비용 등을 비롯해 엄청난 재원이 들어갈 뿐 아니라, 위험부담이 따르는 점을 감안할 때, 남한에 들어와 정착하고 있는 탈북한 한 사람 한 사람은 정말 귀한 한 가족이다.[4]

---

1 김영동, "디아스포라 선교학 틀에서 본 한인 디아스포라 교회의 선교신학적 과제", 「장신논단」 49(2017), 338.
2 한기수, "발간사", 「2019 북한이탈주민 정착실태조사」 (서울: 북한이탈주민 지원재단, 2020).
3 강디모데, 『연어의 꿈』 (서울: 예영B&P, 2013).
4 강응산, "통일을 향한 탈북민교회 세우기: 인천한나라은혜교회 사례를 중심

한 가족의 주인이신 하나님은 이스라엘과 비(非)이스라엘 백성 모두를 낳으셨으므로 온 인류는 같은 근원에서 나왔다. 우리는 한 가족으로서 하나님을 주인으로 인정하는 자는 어디에서 살든 상관없이 모두 시온[5]의 시민이다(시 87:5-6). 바울 역시 그리스도 안에서 하나가 된 사람들은 하나님의 한 가족이라고 하였다(엡 2:19).[6] 따라서 하나님의 한 가족인 한인 디아스포라인 북한 사람들에게 어떻게 복음을 전할 것인가에 대한 평화에 대하여 살펴보고자 한다.

1. 한인 디아스포라와 함께하는 선교

하나님은 사도행전 1장 8절에서 "오직 성령이 너희에게 임하시면 너희가 권능을 받고 예루살렘과 사마리아와 땅끝까지 이르러 내 증인이 되리라 하시니라"라고 말씀하셨다. 따라서 여기서 하나님은 우리에게 땅끝과 같은 한인 디아스포라인 북한을 왜 선교해야 하는지 살펴보고자 한다.

으로", 「ACTS 신학저널」 46(2020), 152-153.

5 시온은 모든 민족의 영적 출생지이자 고향을 의미한다.

6 차준희, 『시인의 영성 2』(서울: 새물결플러스, 2022), 419-420.

1) 하나님의 지상명령을 위해서

선교는 예수님의 대위임명령(The Great Commission)이다. 이 명령인 마태복음 28장 19절과 20절은 전통적으로 선교의 성경적 기초가 되었다. 여기서 예수님은 우리에게 먼저 '가라'고 말씀하신다. 그런데 가라고 하신 명령에는 어떤 전제 조건이 없다. 어떤 민족에게는 가고 어떤 민족에게는 가지 말라는 말이 없다는 것이다. 복음을 듣지 못한 곳이면 우리의 의지와 환경에 상관하지 말고 어디든지 가라는 것이다. 이 모든 민족에는 우리의 절반인 북한이 포함되기 때문에 북한선교를 해야 한다.[7]

예수님은 또 사도행전 1장 8절에서 예루살렘은 유대교의 본산지로, 이곳에 복음을 전하는 것은 적진에 들어가라는 말과 같다. 즉 이곳은 종교적 장벽이 기다리고 있는 곳이다. 또 온 유대는 예수님을 죽인 곳으로, 감정적 장벽이 기다리고 있는 곳이다. 사마리아는 이방인들과 피와 종교가 섞인 사람들이 사는 곳이라 유대인들이 가장 혐오하는 곳이다. 즉 이곳은 종족적 장벽이 기다리고 있는 곳이다. 땅끝은 당시 온갖 위험과 핍박이 도사리고 있는 로마로 이곳은 지리적 장벽이 기다리고 있는 곳이다.[8] 그래서 어느 한 곳도 복음을 전하기 쉬운 것이 없다.

---

7 조요셉, 『북한선교의 마중물 탈북자』(고양: 도서출판 두날개, 2013), 161-162.
8 조요셉, 『북한선교의 마중물 탈북자』, 162.

예수님은 우리 앞에 있는 모든 장벽, 즉 종교적 장벽, 감정적 장벽, 종족적 장벽, 지리적 장벽을 넘어 복음을 전하라고 말씀하신다. 그때 성령께서 함께하시겠다고 말씀하셨고, 이처럼 우리 힘으로 할 수 없으나 성령께서 함께하시면 할 수 있다는 것이다. 북한은 우리와 같은 피를 나눈 한민족이지만 공산주의와 주체사상으로 무장되어 있어 사마리아와 같은 곳이자 지리적으로는 가까우나 정치적, 이데올로기적으로 장벽이 있는 땅끝이라고 할 수 있겠다. 북한이 비록 사마리아와 땅끝과 같다 할지라도 북한선교를 포기할 수 없다. 그것은 그 어떠한 것도 하나님의 말씀보다 앞설 수 없기 때문이다.[9]

2) 인간의 존엄성을 회복하기 위해서

하나님은 창세기 1장 27절에서 "하나님이 자기 형상 곧 하나님의 형상대로 사람을 창조하시되 남자와 여자를 창조하시고"라고 말씀하셨다. 인간은 하나님의 형상대로 지음을 받은 거룩한 존재라는 것이다. 결국 인간은 존엄성도 바로 성경에 기초하고 있다. 그래서 복음이 전파되는 곳에서는 인간의 존엄성과 행복이 보장되었음이 기독교 역사가 증명하고 있다. 과거 조선시대에는 신분의 차별로 인해 남녀 차별이 심했으나 기독교가 들어오고 난 다음 이러한 차

---

9 조요셉,『북한선교의 마중물 탈북자』, 162-163.

별이 많이 사라진 것이다.[10]

북한은 국가 체제가 기독교를 접하지 못하게 하기에 자신들이 창조주 하나님의 형상대로 지으심을 입은 거룩한 존재인지 모르고 오직 당과 수령에게만 충성하는 노예와 같은 존재로 살아가고 있다. 북한 주민들은 어릴 때부터 세뇌가 되어 김일성, 김정일, 김정은의 총과 폭탄이 되고 있다. 그런 사람들은 인간의 존엄성을 알리가 없기에 오직 당과 수령을 위해 충성할 뿐이다. 북한 체제는 기독교와 양립할 수 없는 구조라 그들에게 늘 적에 대한 증오심을 가르치는데, 성경에는 원수를 사랑하라고 말하기에 서로 양립할 수 없다는 것이다. 그래서 기독교를 박해하고 성경의 반입을 막는 것이다.[11]

북한이탈주민들은 북한에 먹을 것이 없어서 나무껍질 풀뿌리를 먹어 위장을 다 버린 사람도 많다. 북한은 마취제가 없어 그냥 맹장 수술을 하다가 죽은 사람도 있다. 식량을 구하러 중국으로 갔다가 잡혀 온 사람에게는 인간 이하의 처벌을 가한다. 성경을 반입하거나 몰래 예배를 드리다가 잡히면 총살당하는 경우가 있다. 또는 북한이탈주민 여성 중에는 인신매매범에게 걸려 중국에 팔렸다가 아이를 낳고 온 사람이 있다. 21세기에 세계 어느 곳에서도 북한처럼 인권이 열악한 나라는 없다. 한국교회는 북한에서 인간 이하의 삶을 사는 북한 동포를 위해 기도해야 한다. 평화통일이 되어 그들도

---

10 조요셉, 『북한선교의 마중물 탈북자』, 163.
11 조요셉, 『북한선교의 마중물 탈북자』, 164.

우리와 똑같이 하나님의 귀한 자녀로서 인간답게 살아갈 권리를 부여받았음을 알려주기 위해서라도 북한선교를 해야 할 것이다.[12]

3) 한민족을 구원하기 위해서

한국교회는 선교사 2만 명을 파송한 선교 대국이라고 말하지만 한반도의 반쪽인 북한에 복음을 전하지 못해 항상 선교적 부담감을 가지고 있다.[13] 사도 바울 역시 로마서 9장 1-3절에서 "내가 그리스도 안에서 참말을 하고 거짓말을 아니하노라 나에게 큰 근심이 있는 것과 마음에 그치지 않는 고통이 있는 것을 내 양심이 성령 안에서 나와 더불어 증언하노니 나의 형제 곧 골육의 친척을 위하여 내 자신이 저주를 받아 그리스도에게서 끊어질지라도 원하는 바로라"며 자기 민족을 위한 구원을 애타게 간구하였다.

여기서 사도 바울은 동족 이스라엘을 향한 진실하고도 위대한 사랑을 품고 있다. 많은 기독교인은 일반인들과 마찬가지로 평화통일을 원치 않는다. 그 이유는 못사는 북한과 통일되면 함께 못살기 때문이라는 것이다. 영화《회복》을 만든 이임주 대표는 북한선교 영화 "Are You Ready?"를 만들기 위해 서울 강남의 모 대형교회 청년 100명에게 "통일에 대해 어떻게 생각하는가?"라는 질문을 했는데, 단지 4명만 통일되어야 한다고 응답해 충격을 받았다고

---

12 조요셉,『북한선교의 마중물 탈북자』, 164-165.
13 조요셉,『북한선교의 마중물 탈북자』, 165.

한다.[14]

만약 북한이 미국이나 호주처럼 잘사는 나라라면 어떤 반응을 보였을까? 아마 통일하자고 매일 광화문 사거리에서 시위하지 않았을까? 하나님은 배부른 남한보다 굶주림에 지쳐 있는 북한에 더 관심을 가지고 계실 것이다. 우리의 이기적인 마음을 돌이켜 고통 받고 있는 북한 동포들을 안타까이 여기는 하나님의 마음으로 돌아가야 할 것이다. 한국교회는 사도 바울과 같이 동족을 사랑하는 마음을 가지고 북한선교를 해야 할 것이다.[15]

4) 평화통일과 세계선교를 위해서

통일하기보다 우리끼리 그냥 현재 분단된 상태로 사는 것이 더 낫다고 생각하는 사람들이 많다. 그러나 하나님의 마음은 남과 북이 하나 되기를 소원하신다. 그리스도인들은 하나님의 주인을 모시고 사는 사람들이다. 그러므로 그리스도인들은 이기적인 태도에서 벗어나 하나님의 마음을 품고 깨어진 남북관계를 화해하고 용서하여 참다운 민족통일을 위해 기도해야 한다. 우리는 국경을 넘어 다른 나라로 가는 것에 대해 일종의 두려움을 가지고 있지만 탈북자들은 국경을 넘는 것을 두려워하지 않는다. 그들은 어디를 가더라도 북한보다 낫다고 생각하기 때문이다. 심지어 그들은 국경

---

14 조요셉, 『북한선교의 마중물 탈북자』, 166.
15 조요셉, 『북한선교의 마중물 탈북자』, 167.

을 넘는 데에 묘한 환상이 있다.[16]

국내에 입국한 북한이탈주민들 가운데 해외로 간 사람들이 증가한다. 이들은 주로 남한 사회 부적응과 차별 때문에 해외로 갔지만 이들이 복음화가 되면 세계 어느 곳이든지 가서 복음을 전할 수 있을 것이다.[17] 북한선교는 세계선교의 마지막 고지이기 때문에 선교를 해야 할 것이다.

2. 한인 디아스포라인 북한이탈주민에 대한 이해

북한을 이탈하고자 한 동기는 1990년대 중반에서 2000년대 초반까지 경제적 요인과 기아에서 벗어나고 싶은 욕구가 대부분이었다. 그래서 그들은 어느 때부터 '꽃제비들'이라는 말을 들었다. 소년들이 끼니를 해결할 수 없어 남의 집을 구걸하다가 종래는 중국에 스며들게 된다. 선교사들의 도움으로 결국에는 중국을 거쳐서 한국에 귀국하게 된다.[18]

자유를 찾아 북한을 탈출해 한국에 온 수많은 북한이탈주민은 이제 곧 다가올 평화통일 세대에 쓰임 받을 일꾼이다. 또한 북한의 개혁과 개방 후에 북한으로 들어가 교두보의 역할을 할 수 있는 하나님의 군사들이며, 평화통일의 한민족에게 매우 소중한 자산

16 조요셉, 『북한선교의 마중물 탈북자』, 169.
17 조요셉, 『북한선교의 마중물 탈북자』, 169-170.
18 조귀삼, 『현대사회의 다문화 선교』(안양: 세계로미디어, 2022), 173.

이다.[19] 따라서 북한선교를 위한 인적자원인 북한이탈주민에 대한 이해에 대하여 살펴보고자 한다.

1) 용어 변천

1990년대 중반 이후 연속된 자연재해로 인해 북한에 불어 닥친 경제난으로 북한을 탈출하는 주민이 늘어나면서 탈북자(脫北者)라는 용어가 보편적으로 사용되었다. 1997년 1월 "북한이탈주민의 보호 및 정착지원에 관한 법률" 제정과 함께 귀순의 개념이 '북 이탈'로 바뀌었고, 북한 떠난 후 아직 외국 국적을 취득하지 않은 사람들을 '북 이탈 주민'으로 규정하였다.

그러나 2005년 통일부는 탈북자라는 용어가 부정적인 인식을 심어줄 수 있다는 이유로 새로운 명칭인 '새터민'으로 바꾸어 사용하였다. 그러나 몇몇 탈북 단체들이 새터민이라는 용어에 부정의 입장을 보이자, 2008년 11월에 통일부는 가급적 새터민이라는 용어를 쓰지 않겠다고 발표했으며, 그 이후 '북한이탈주민'(北韓離脫住民)이 탈북자의 공식적인 명칭[20]으로 사용되고 있다.[21]

---

19 GMS국내다문족사역연합체출판부, 『이주민 사역과 한국교회』(서울: 총회 세계 선교회, 2021), 89.
20 북한이탈주민 용어의 변천은 1993년 이전에는 귀순자, 월남귀순용사, 1994년에서 1996년까지는 탈북자, 귀순북한동포, 1997년부터 2004년까지는 탈북자, 북한탈주민, 2005년부터 2008년까지는 새터민, 북한이탈주민, 2008년 이후에는 북한이탈주민(탈북자)라는 명칭들을 사용하였다.
21 주성종, 『북녁 선교 연구 방법론』(서울: CLC, 2022), 38.

통일부에 따르면, 북한이탈주민이란 군사분계선 이북 지역(이하 "북한"이라 한다)에 주소, 직계 가족, 배우자, 직장 등을 두고 있는 사람으로서 북한을 벗어난 후 외국 국적을 취득하지 아니한 사람을 말한다.[22]

2) 국내 입국 현황

1990년대 후반부터 북한과 여러 나라로 이주해 오는 북한 동포가 늘고 있는데, 북한이탈주민의 탈북 동기는 첫째로 경제적 어려움, 둘째로 북한의 체제가 싫어서, 셋째로 가족 때문에, 마지막으로 신변의 위협 등이다.[23] 무엇보다 지금까지 북한은 여전히 종교적 자유가 보장되지 않는 최대의 기독교 박해 국가로 분류되고 있다.[24]

지난 2019년 10월에 경우 미국은 북한을 17년째 최악의 인신 매매국가로 지정하였다.[25] 이러한 상황에서 북한이탈주민들은 새로운 기회에 관해 먼저 조치를 취하여 북한이라는 주류사회를 벗어나 더 나은 곳으로 떠난 이들이기 때문에 혁신가라고 부를 수 있

22 통일부, "북한이탈주민의 보호 및 정착지원에 관한 법률(2021년 12월 21일)", https://www.lawnb.com/Info/ContentView?sid=L000001432. (2022년 11월 1일 접속).
23 주성종, 『북녘 선교 연구 방법론』, 39.
24 Bryant L. Myers, 『세계선교의 상황과 도전』, 한철호 역 (서울: 선교한국, 2008), 28.
25 김재중, "미국, 17년째 인신매매국 지정된 북한에 대한 지원금지 재지정", 경향신문, 2019년 10월 20일.

다.[26] 이처럼 여러 이유로 본인이 원하지 않아서 탈북의 경우도 늘고 있으며, 남한으로 온 북한이탈주민들에게는 탈북 과정에서 많은 어려움이 있었지만 분명한 것은 북한이탈주민이 현재 대한민국 국적을 취득한 대한민국 국민이라는 사실을 잊지 말아야 할 것이다.[27]

참고로 통일부 통계에 따르면, 북한이탈주민의 국내 입국 규모는 1962년 6월 최초의 귀순자 이후 1990년대 초반까지 10명 내외로 비교적 적은 인원이었다. 그러다 1998년 이후 매년 급격히 증가하여 2002년 이후에는 매년 1,000명 이상의 북한이탈주민이 입국하였고, 2006년부터 2,000명대를 유지하며 상승하다가 2009년 2,914명으로 정점에 도달했다. 이후 2010~2011년에 김정은 체제가 시작되면서 북한이탈주민의 수가 급감하였고, 2012~2013년은 연간 1,500여 명 선이다가 2019년에는 1,047명까지 줄었다. 2020년에는 코로나19로 인하여 불과 229명의 매우 적은 북한이탈주민이 입국하였다. 2020년까지 국내에 입국한 북한이탈주민의 숫자는 33,752명으로 집계되었다.[28]

북한이탈주민의 남녀 비율은 여성의 비율이 72%로 남성보다 훨씬 높다. 남성보다 여성의 비율이 높은 데는 북한 내에서 남성들은 직장에 의무적으로 출근해야 하며 장기간 군 복무를 해야 하기 때

---

26 김진봉 외 38인, 『난민, 이주민, 탈북민에 대한 선교 책무』 (서울: 두란노, 2018), 47.
27 주성종, 『북녘 선교 연구 방법론』, 41.
28 정종기 외 3인, 『남북통합목회의 물결』 (서울: 선한청지기, 2021), 69.

문이다. 반면에 북한에서 여성들에 대한 통제는 다소 덜하고, 생계를 위한 여성들이 국경을 더 많이 넘기도 하며, 인신매매를 당해서 중국에 가는 경우도 적지 않기 때문에 여성의 비율이 높은 것으로 추측할 수 있다. 대부분 북한이탈주민은 서울과 경기, 인천 등 수도권에 거주한다. 북한에서 평양에 사는 것을 선망했던 영향도 있겠지만 다른 지역들보다 상대적으로 직장을 구하기 쉽다는 장점이기도 하다.[29]

3) 기독교 신앙

일단 북한의 국경을 빠져나간 탈북자들은 러시아나 중국으로 나가는 데 잡히면 송환되어 총살형 등 무서운 벌을 받아야 하는 두려움에서 남한으로 들어오는 길이 가장 안전한 길이라고 믿고 도움의 손길을 기다리고 있다.[30] 북한인권정보센터가 발간한 〈2017 북한 종교자유 백서〉에 따르면, 북한이탈주민의 종교 비율은 기독교가 41.7%로 가장 많았다. 그 과정을 분석한 결과 북한에서나 탈북 이후 중국에서 종교 생활을 시작한 사람들이 37.1%, 남한 조사기관에서 33.9%, 그리고 정착기관인 하나원에서부터 종교활동을 시작한 사람들이 29.0%인 것으로 나타났다.[31]

---

29 정종기 외 3인, 『남북통합목회의 물결』, 70.
30 이미화 외 7인, 『외국인 노동자 선교와 신학』 (서울: 한들출판사, 2000), 263.
31 윤여상 외 2인, 『2017 북한 종교자유 백서』 (서울: 북한인권정보센터,

북한이탈주민을 향한 종교적 접근은 기독교가 가장 적극적인 것으로 조사되었다. 특히 북한의 조사 기관이나 하나원 등에서도 교회의 섬김과 지원을 받는 것이 주요 원인으로 북한이탈주민들의 기독교에 대한 반응이 가장 많은 것으로 나타났다.[32]

3. 한인 디아스포라인 북한이탈주민에 대한 선교학적 관점 이해

한국교회가 어떻게 하면 북한이탈주민을 잘 섬길 수 있는가에 대한 북한이탈주민에 대한 선교학적 관점 이해에 대하여 살펴보고자 한다.

1) 타문화 관점에서의 북한이탈주민 선교

지금까지 한국교회의 북한선교는 주로 통일을 주제로 한반도 차원에서의 사역으로 같은 민족이기에 복음을 전해야 한다는 생각을 가졌다. 남한과 북한의 문화가 현저하게 다르다는 것을 인식하지 못한 채 오로지 복음 전도의 개념으로만 접근했기에 그들을 타문

2017), 4

32 주성종, 『북녘 선교 연구 방법론』, 41.

화 선교 관점으로 바라보는 전략과 시도가 부족하였다.[33] 과거 기독교 진보 진영은 개인의 구원보다 사회 구원을 앞세워 구제와 지원 위주로 사역에 치우쳤고, 보수 진영은 이데올로기에 의한 적대적 관계에 중점을 두고 인권 문제와 북한의 붕괴를 통한 전도와 교회 재건을 강조하는 사역을 하였다. 지금까지 한국의 북한선교 전략은 북한 주민들의 현실을 이해하지 못하고 그들의 진정한 필요를 채우기에는 부족한 것이 많았다고 볼 수 있겠다.[34]

미국 풀러신학교(Fuller Theological Seminary) 선교학 교수였던 선교학자 도날드 맥가브란(Donald A. McGavran)은 타문화 선교에 대하여 말하기를, "선교는 예수 그리스도를 따르지 아니하는 사람들에게 전도하기 위하여 복음을 들고 문화의 경계를 넘는 것이며, 또한 사람들을 권하여 예수를 주와 구주로 영접하게 하여 사람들이 교회의 책임 있는 회원이 되게 하여, 성령이 인도하시는 대로 전도와 사회정의를 위한 일을 하며, 하나님의 뜻이 하늘에서 이룬 것 같이 땅에서도 이루게 하는 것이다"라고 하였다.[35] 이러한 맥가브란의 타문화권 선교의 내용을 인용하여 한국교회는 북한선교를 타문화권 선교의 관점으로 보아야 할 것이다.

북한선교를 한민족(韓民族)이라는 추상적 개념을 버리고 선교적

---

33 주성종, 『북녘 선교 연구 방법론』, 44.

34 신선민, "타문화 관점으로 접근하는 북한 선교", (총신대학교 선교대학원 석사학위논문, 2012), 71.

35 Arthur F. Grasser & Donald A. McGavran, *Contemporary Theologies of Mission* (Grand Rapids: Baker, 1983), 26.

관점에서 접근해야 한다. 이는 북한을 선교의 대상으로 보는 것이 바람직하다는 의미로 해석해야 한다.[36] 한국교회는 남한과 북한, 북한과 남한 사이에 문화적 거리가 있음을 인정하고 북한선교를 타문화권의 문화적 관점에서 미국 바이올라대학교(Biola University) 선교학 교수였던 로이드 콰스트(Lloyd Kwast)[37]의 모델을 통해 그 문화적 차이를 분석하여 살펴보아야 한다.[38]

첫째, 행동(Behaviord)의 차이다. 분단 이후 정치적 체계, 이념의 분리 그리고 언어 정책 등으로 인한 남한과 북한의 모습, 관습 그리고 제도 등에서 큰 이질감을 겪고 있다. 또한 북한의 동포는 김일성 우상화로 종교적 생활을 하면서 살고 있기 때문에 이러한 행동양식은 겉으로 드러나며 북한 사람들은 누구나 쉽게 인식하고 따르고 있다.

둘째, 가치관(Values)의 차이다. 북한은 사회주의 혁명 논리, 사회안정 논리, 위기 극복 논리에 따라 평등주의, 집단주의, 획일주의, 수령중심주의 가치관을 발달시켜 왔다. 그러나 그들의 가치관의

---

36 김병욱 · 김영희, "북한사회의 수령교와 타종교권 선교에 따른 북한 선교", 「사회 과학 연구」 18(2010), 92.

37 콰스트는 문화 이해를 외부인이 어느 새로운 문화권에 들어가 문화를 습득하고 이해하고 가치관과 믿음의 체계를 형성함에 대해서 예를 들기를 지구에 대해 아무것도 모르는 외계인(화성인)이 지구를 방문했을 때의 경우를 가상해서 행동과 가치관, 그리고 믿음의 체계 단계를 말했다. 오준섭, "하나님의 리콜운동 대표 전두승 목사, 왕의 종이다!", https://www.anewsa. com/detail.php?number=2553866. (아시아뉴스통신, 2022년 11월 1일 접속).

38 김영호, "타문화권 선교로 접근해야 할 북한선교", 「선교신학」 38(2015), 106.

실상은 이상적 가치관과 현실적 가치관을 통해 만들어진 타협적 산물일 뿐이다.

셋째, 신념(Beliefs) 체계의 차이다. 북한의 이성적 인간형은 주체적 공산주의 혁명가로서 김일성 혁명사상과 교시를 자신의 신념 체계의 중심에 두도록 한다. 그리고 김일성에게 대를 이어 절대적으로 충성하여 목숨을 기꺼이 던질 수 있는 인간형을 만들려고 한다.

넷째, 가장 중심에 있는 세계관(Worldview)의 차이다. 북한의 체제가 국가종교 형태를 추구하면서 그들의 세계관에는 김일성이 하나님의 자리를 차지하고 있다. 북한 당국은 종교적인 용어들을 차용하고 적용하여 김일성을 우상화 혹은 신격화하기 위해서 어릴 때부터 철저하게 세뇌교육을 시키고 있다.

인도 선교사의 아들로 태어나 미국 트리니티복음주의신학교(Trinity Evangelical Divinity School) 선교학 교수였던 폴 히버트(Paul G. Hiebert, 1932~2007)는 이러한 세계관에 대하여 말하기를, "한 집단이 자기 삶을 정돈하는 데 사용하기 위해 실재의 본질에 관해 내리는 기초적인 인지적, 정서적, 평가적(판단적) 과정과 틀이다. 이것은 그들이 살면서 사용하는 모든 것에 관한 이미지나 지도를 다 포함한다"라고 하였다.[39] 타문화 선교의 관점에서 북한을 바라볼 때는 우선 그들의 세계관을 이해해야 한다. 선교지의 문화, 혹은 세계관을 고려해야만 소통은 가능하고, 그 소통을 기반으로 복음이 들어가 그들에

---

39 Paul G. Hiebert, 『21세기 선교와 세계관의 변화』, 임종원 역 (서울: 복있는 사람, 2014), 51.

게 변화가 일어날 수 있다.[40] 북한의 정치, 사상, 군사, 경제, 교육, 종교, 인권, 가치관 등은 남한과 비교하여 많은 차이를 두고 있다. 그래서 총신대학교 선교학 교수였던 김성태는 북한과 남한의 세계관을 아래 표와 같이 분석하였다.[41]

구 분		북 한	남 한
인식론 측면	역사관	왜곡된 민족주의 사관	자유 민주주의 역사관
	경제관	집합체적 공영주의	자율적 능력주의
	사회관	획일화된 집단의식	개체적 개방의식
정서적 측면	역사관	민족 지상주의	자유 및 개인의 존엄성
	경제관	개인의 책임의식 결여, 비자발성	경쟁성, 책임성
	사회관	집합적 상황에서 안정감, 개체성 거부	자아성, 공의성
판단적 측면	역사관	국가지상주의적 평가	자유민주주의사상
	경제관	거저 나눔은 당연함	근면성, 성실성
	사회관	집단 기준으로 평가	개체, 공익성의 평가

〈북한과 남한의 세계관 비교〉

김성태는 북한과 남한의 세계관의 차이를 외국인과의 차이점으로 서로 완전히 다르다고 주장한다.[42] 특히 북한이탈주민으로 남한에서 목회하고 있는 김명남은 북한이탈주민을 타문화권 관점으로 접근하는 것에 대하여 말하기를, "복음이 문화권에서 다른 문화

---

40 주성종, 『북녘 선교 연구 방법론』, 47.
41 신선민, "타문화 관점으로 접근하는 북한 선교", 17.
42 주성종, 『북녘 선교 연구 방법론』, 17.

권으로 이전될 때는 반드시 복음의 토착화 과정이 진행되어야 한다. 복음의 토착화란 상대의 전통문화를 반영해서 그 문화권에 맞는 적절하고 의미 있는 언어와 전달 형태를 갖춘 것을 말한다. 남한교회들은 북한이탈주민 선교를 같은 문화권이라고 오해에서 출발하였기에 대부분 이 과정이 생략되었다. 남한 목회자들은 남한 사회와 문화를 배경으로 해서 복음을 적용해서 해석한다. 남한 문화권에서 토착화된 이 복음이 다른 문화를 가진 북한이탈주민들에게 소화하기 힘든 것이다"라고 하였다.[43]

2) 디아스포라 관점에서의 북한이탈주민 선교

북한이탈주민에 대한 또 하나의 관점은 디아스포라(Diaspora) 관점이다. 디아스포라는 흩어진 유대인이라는 의미로서 바벨론 포로 이후 팔레스타인 지역을 떠나 흩어진 유대인들이 디아스포라의 원형이다. 흩어진 유대인들이 그들의 종교적 관습을 유지하며 살던 공동체를 일컬어 디아스포라라고 불렀다.[44]

북한이탈주민을 디아스포라로 인식하는 관점은 현상적인 것이 아닌 사회학적으로 중요한 의미를 지닌다. 북한이탈주민 공동체는 한족, 조선족, 동남아시아, 고려인을 포괄하는 다문화 가정 형태로

---

43 김성근, "개척교회와 탈북민목회자의 역할", 「탈북민목회자포럼」 (2018년 6월 18일).
44 송영섭, "디아스포라 관점에서 본 탈북민 이해와 선교의 의미", 「개혁논총」 37(2016), 139.

발전하고 있다. 이러한 면에서 북한이탈주민의 디아스포라 공동체
는 점점 확대되면서 자신들만의 사회적 자산과 네트워크를 가지게
되며 하부 문화를 지탱하게 하는 사회적 구조를 형성하고 있다. 이
러한 점에서 디아스포라 관점은 북한이탈주민에 대한 새로운 관점
을 주고 있다고 할 수 있겠다.[45] 아울러 세계화 시대에는 한반도 평
화 시대도 함께 있기에 디아스포라 관점에서의 북한이탈주민 선교
에 관심과 연구가 더욱 필요할 것이다.[46]

따라서 한국교회는 북한이탈주민들을 대하는 최선의 길은 그들
이 남한 사람이 될 필요가 없다는 생각을 받아들이는 것이다. 남한
과 북한 양측은 서로에게 배울 수 있다는 것을 믿고 서로의 차이를
인정하고 존중하는 열린 사고를 가져야 할 것이다.[47]

● ● ●

결론적으로, 한인 디아스포라와 함께하는 평화에 대하여 살펴보
았다. 1945년 해방을 맞으며 함께 받은 분단으로 북한 지역 성도
들은 남한에 정착하기 시작하였다. 1990년 이후 들어온 북한이탈
주민에게 한국교회는 그들에게 선교하였다. 한국교회는 중국으로

---

45 송영섭, "디아스포라 관점에서 본 탈북민 이해와 선교의 의미", 133.
46 송영섭, "디아스포라 관점에서 본 탈북민 이해와 선교의 의미", 133-136.
47 김진봉 외 38인, 『난민, 이주민, 탈북민에 대한 선교 책무』, 39.

갔던 수많은 북한 주민 중 일부가 남한까지 오게 되었을 때 그들을 품었다. 시작은 구제 차원의 선교적 동기가 강했으나 점차 북한이 탈주민이 남한 사회에 정착하면서 자연적으로 선교적 접근을 하게 되었다. 이러한 현상은 평화통일 이후에도 적용이 가능한 선교의 가능성을 전망할 수 있다. 기본적으로 2000년대부터 시작된 북한 이탈주민을 대상으로 선교가 본격화되었다. 한국교회는 이들을 돌보기 시작하여 그들에게 복음을 전하며 선교적 교회를 세우기 시작하였다. 이것은 남한 목회자이든 북한이탈주민 목회자든 간에 교회에는 남북한 성도가 함께해야 한다는 전제를 가진다.[48]

북한이탈주민은 북한에서 상상할 수 없는 어려움 속에서 살아왔고, 남한으로 오는 과정에서도 인간 이하의 삶을 경험하였다. 또한 그들은 생존 경쟁이 치열한 남한 자본주의도 경험하였다. 그래서 어떤 의미에서 북한이탈주민은 하나님께서 평화통일과 북한선교를 위해 준비시키시는 사람들이다.[49] 이런 면에서 앞으로 북한이탈주민은 북한선교의 새로운 마중물이 될 것이다.

48 정종기 외 3인, 『남북통합목회의 물결』, 74-75.
49 조요셉, 『북한선교의 마중물 탈북자』, 28.

08

平

평화가 있는 교육

한국교회의 다양한 종교적 활동 가운데 북한선교는 남북한이 분단된 한반도의 현실에서 종교단체가 할 수 있는 가장 영향력 있는 실천적인 행동이다. 한국교회는 복음 전파 및 교회 설립을 통한 직접적인 북한선교 활동부터 북한 원조, 북한이탈주민들의 인권 보호, 그리고 기독교 통일운동까지 다양한 선교활동을 통해 남한과 북한의 관계 개선에 일조해 오고 있다.[1]

결국 북한선교는 평화를 지향하기 위해 평화를 주제로 평화로운 선교를 하며 평화를 이루어가자는 것으로 종합해 볼 수 있다. 북한선교는 생각을 모아야 할 중요한 현실 문제이다. 남과 북의 분단 기간이 일본 제국주의로부터 해방된 1945년을 기준으로 할 때 76년이 되었다. 휴전된 1953년을 기준으로 해도 68년이나 된다. 긴 세월 동안에 남북은 같은 민족임에도 이 분단의 기간에 서로 다른 체제로 지내오면서 민족 동질성을 유지하기보다는 차이점만이 늘어갔다. 정치, 경제, 사회체제는 물론이거니와 일상생활에서 언어의 차이가, 생활방식의 차이가 왔다. 그러다 보니 차이점을 줄이고 동질성을 회복하여 남북한 사이의 사회통합을 준비하는 것 자체가 큰일이 되어버렸다.[2] 따라서 여전히 분단의 현실을 마주하고 있는 지금 한국교회가 실천해야 할 한인 디아스포라를 위한 기독교의 평화교육에 대해 살펴보고자 한다.

---

1 이민형, "한국전쟁 70년, 한국 개신교 북한선교의 미래: 영화 〈신이 보낸 사람〉이 던지는 질문을 중심으로", 「신학과 실천」 68(2020), 645.
2 조은식, "평화통일을 향한 평화선교와 목회", 「선교신학」 62(2021), 250-251.

1. 초기 한국기독교의 한인 디아스포라 선교

한국기독교는 초기부터 한국교회의 선교활동으로 진행되었다. 한국교회는 일본의 잔인한 강점기 시대(1910~1945)와 6. 25 전쟁(1950~1953)의 폐허 속에서도 흔들리지 않았다. 오히려 한국교회는 1960년대와 1970년대 사이 산업화와 민주화를 이루는 사회적 혼란과 불안정한 시대에 더욱 성장하였다. 그 후, 선교에 대한 더 많은 인식과 1988년 서울올림픽 이후에 생긴 여행에 대한 자유가 합쳐져 생긴 시너지 효과로 인하여 한국교회의 선교는 깨어나기 시작하였다. 그 이후로 한국교회의 선교는 폭발적인 성장을 경험하게 되었다.[3] 따라서 우리가 사는 한반도에 거주하는 지극히 작은 자(마 25:39~40)[4]와 이방인들을 돌보라는 성경의 명령은 우리에게 긴박한 선교적 참여를 요구하기에 한국기독교의 북한선교에 대하여 살펴보고자 한다.

1) 초기 북한선교

한국기독교 역사를 통한 초기 북한선교는 첫째, 교회 중심의 선

3 Tetsunao Yamamori & Sadiri Joy Tira 편저, 『디아스포라 선교학』, Harry Kim · 문창선 역 (서울: 더메이커, 2018), 588-589.
4 "어느 때에 병드신 것이나 옥에 갇히신 것을 보고 가서 뵈었나이까 하리니 임금이 대답하여 이르시되 내가 진실로 너희에게 이르노니 너희가 여기 내 형제 중에 지극히 작은 자 하나에게 한 것이 곧 내게 한 것이니라 하시고"(마 25:39-40).

교사역을 통한 북한의 복음화를 목표로 보는 관점이다. 초기 북한 선교는 극단적인 반공 이데올로기를 바탕으로 하였다.[5] 1977년 '북한선교회'가 설립된 이후, 북한선교를 주도했던 '기독교북한선교회'와 '모퉁이돌선교회'와 같은 기독교 선교단체들은 직접 북한에 들어가 성경과 전도지를 나누어 주는 선교를 기획하였다.[6] 이들은 자신들의 열정적인 선교활동이 북한의 공산 체제를 무너트리는 일에 일조할 수 있을 것이라는 신념을 가지고 있었다. 한국전쟁과 냉전 시대의 논리에서 벗어나지 못한 채 멸공을 이념 삼아 순교자의 자세로 선교에 임하던 이들의 활동을 십자군적 선교로 보기도 하였다.[7] 그러나 선교활동은 매우 제한적이어서 북한에 직접 들어가 선교하는 행위가 비정치적 목적인 한에서만 허락이 되었고, 보수적인 선교사들을 중심으로 이루어졌다. 대부분의 선교는 간접적인 지원 형태로 이루어졌으며, 선교활동에 대한 대외적 보고는 제대로 이루어지지 못했다.[8]

한국기독교 역사를 통한 초기 북한선교는 둘째, 1980년대에 들어 남한과 북한의 화해와 평화를 도모하기 위한 사회 각계의 움직임이 활발해지는 가운데 한국의 기독교 내에서도 에큐메니컬 진영을 중심으로 북한선교의 새로운 방향을 모색하는 움직임이 일어났

---

5 이찬석, "북한선교를 위한 '주체사상'과 '유물론적 신학'의 대화".
6 박정진, "평화통일과 북한선교", 「기독교사상」 46(2002), 216-217.
7 임희모, 『한반도 평화와 통일 선교』 (서울: 다산글방, 2003), 27.
8 전석재, "남북 통일을 향한 한국 교회의 역사", 「선교신학」 44(2016), 360-362.

다. 이들이 제시한 북한선교는 현재까지 이어져 내려오고 있는 북한선교의 또 하나의 관점을 형성하는데 그것은 하나님의 선교라는 개념을 바탕으로 한반도의 통일 자체를 선교로 보는 것이었다.[9] 복음화를 통해 통일을 이루려는 소위 보수 진영의 논리와는 다르게 이들의 선교 신학은 하나님 나라의 가치를 실현하는 것에 초점을 맞추었다. 즉 한반도의 통일은 하나님 나라의 가치인 사랑과 정의와 평화가 실현되는 것으로서 그것 자체를 선교적 과제로 인식하였다.[10]

1980년대 에큐메니컬 진영의 북한선교 이해는 1988년 2월 29일 한국기독교교회협의회에서 공표한 "민족의 통일과 평화에 대한 한국기독교회 선언"에 잘 드러나 있다. 전체 6개 단락으로 구성된 이 선언문은 정의와 평화의 선교를 강조하고, 분단의 역사 속에서 혐오를 조장한 한국교회의 죄를 고백하며, 민족의 통일과 한반도의 평화야말로 한국교회의 선교적 사명을 선포한다. 이후 복음의 정의를 죄의 고백과 개인의 구원 차원이 아닌 정의와 평화의 하나님 나라를 구현하는 것으로 이해하였던 에큐메니컬 진영의 북한선교는 남과 북이 나눈 상처, 민주주의와 공산주의의 이데올로기를 넘어선 기독교 통일운동의 형태로 진행된다.[11]

---

9 황홍렬,『한반도에서 평화선교의 길과 신학』(서울: 예영B&P, 2008), 52-53.
10 윤은주, "한국교회의 인권운동과 통일 선교",「신학과 실천」44(2015), 456-457.
11 김정형,『탈냉전 시대 분단 한국을 위한 평화의 신학』(서울: 나눔사, 2015), 82-87.

2) 1990년 이후 북한선교

1990년 10월 3일은 동독과 서독이 통일됨으로써 이후 동유럽 사회주의가 몰락하기 시작하였고, 통일에 대한 한국교회의 시각은 희망적으로 변해갔다. 한반도의 통일은 그저 이데올로기의 대립과 승리로 귀결되는 것이 아니라 서로 다른 두 체제를 조율하여 새롭고 창의적인 체제를 만들어 나가는 데에 초점을 맞추어야 한다는 목소리가 나오기 시작하였다. 그래서 에큐메니컬 진영의 교회들은 1995년 평화와 통일의 희년으로 지정하고, 한반도의 평화를 위한 다양한 활동을 펼쳤다. 이후 1995년 8월 15일에 '1995년 평화와 통일의 희년 선언'을 선포하며 정의와 평화, 해방과 화해가 이루어지는 한반도의 통일을 염원하였다. 특히 선교에 있어 가장 중요한 것은 하나님의 나라를 이루는 것으로 보고 지금까지 북한선교라고 부른 선교활동을 남북선교나 한반도 선교의 개념으로 확대할 것을 종용하였다.[12]

반면에 복음주의 진영의 교회들은 남북 간의 평화를 꿈꾸는 사회 분위기를 배경으로 다시금 북한 사회의 직접 선교를 구상하게 되었다. 다양한 선교단체들이 활성화되는 가운데 복음주의에서 가장 두드러졌던 활동은 '북한교회개건운동'이었다. 이것은 1995년 결성된 '한국기독교총연합회 북한교회재건위원회'를 중심으로 일어난 새로운 북한선교 운동으로 1950년대에 있었던 것으로 추정

12 박정진, "평화통일과 북한선교", 88-92.

하는 북한의 2,850개의 교회를 재건하는 것을 주요 목적으로 하였다. 구체적인 것은 남한교회와 해외동포들을 중심으로 북한에 교회를 재건하고, 북한에 단일 교단을 만들며, 이를 바탕으로 생겨난 교회들이 자생적으로 선교활동이 일어나도록 돕는 것이 북한 교회 재건을 통한 북한선교의 방식이었다.[13]

여기에 참여한 교회들은 교회별로 북한의 땅에 구획을 정하여 나누고 그 지역에 원래 있었던 교회를 다시 세우고, 동시에 새로운 교회가 설립될 수 있도록 자금을 모으는 등 다양한 활동을 펼쳤다.[14] 하지만 1990년대 초기의 기대와는 달리 남북의 관계는 쉽사리 해결되지 않았다. 그 결과 1990년대 에큐메니컬 진영의 희년 운동이나 복음주의 진영의 북한 교회 재건 운동은 모두 그 의미를 잃어버렸다. 특히 희년 운동은 구체적인 선교적 방안을 제시하지 못한 한국기독교교회협의회의 이벤트였다는 평가를 피하지 못했고, 북한 교회 재건 운동은 남한의 흡수 통일을 전제로 한 기독교 세력 확장 운동이었다는 비판을 받았다.[15]

그것은 복음과 선교, 그리고 통일과 교회 등에 대한 두 진영의 서로 다른 이해가 하나로 모으지 못한 것은 무엇보다 안타까운 사실이다. 이러한 선교적 담론의 분열은 현대의 한국기독교 내 북한선

---

13 임희모, 『한반도 평화와 통일 선교』, 108-109.
14 이민형, "한국전쟁 70년, 한국 개신교 북한선교의 미래: 영화 〈신이 보낸 사람〉이 던지는 질문을 중심으로", 657.
15 평화통일신학연구소, 『평화와 통일신학 1』 (서울: 한들출판사, 2002), 94-97.

교에까지 영향을 미쳐 북한선교의 개념이 혼재하도록 만들었다. 더욱이 2000년대에 들어 북한선교의 중심이 협의회에서 지역교회와 NGO 단체로 넘어가기 시작하면서 복음주의와 에큐메니컬 두 진영의 정리되지 않은 북한선교 신학은 혼란을 가중시켰다. 결국 북한선교 활동의 단체들은 알아서 신학적인 입장을 정리하고 그에 따른 선교적인 방법을 찾는 초기 작업부터 다시 해야 하는 어려움이 생겨난 것이다.[16]

2. 한인 디아스포라를 위한 평화공동체로서의 교회 이해와 평화교육 실천

평화는 독자적으로 존재할 수 없는 개념이다. 그것은 평화를 이루어가는 사람이 매우 다양하고 복합적인 삶의 차원을 포함할 수밖에 없기에 정치, 경제, 사회, 종교 등의 다양한 삶의 문제를 다루게 된다. 평화를 이루어가는 삶은 다양한 삶의 양식 중에 어느 하나를 선택하는 문제가 아니라 하나님께서 허락하신 생명이 온전하게 살아가기 위한 필요 충분의 조건이자 동시에 삶의 목적과 지향점이라 할 수 있다. 평화는 인간의 본질적인 능력이 실현되어 모든 사람에게 전인적 인격 형성의 가능성과 행복을 보장하는 의미

---

16 이민형, "한국전쟁 70년, 한국 개신교 북한선교의 미래: 영화 〈신이 보낸 사람〉이 던지는 질문을 중심으로", 657.

이다.[17] 특히 기독교 공동체 내에서 그리스도인이 평화의 주체가 된다는 것, 하나님 나라의 평화에 주체가 된다는 것은 하나님 나라의 평화에 관한 깊은 이해와 믿음으로부터 나아가서 공적인 삶의 영역에서 평화의 관계들을 창출해내고 확대해 나가는 것을 의미한다.[18] 따라서 신앙공동체로서 교회가 평화의 주체이자 평화공동체로서 평화교육의 장으로 자리매김을 해 보는 노력이 필요할 것이다.

1) 평화공동체로서의 교회

예수의 평화적 삶의 방식은 그를 따르는 공동체 형성을 가능하게 하였다. 그리고 초기 기독교 공동체는 하나의 제도로서 존재하기보다 하나의 운동으로서 존재하였다. 미국 메이플라워 회중 교회의 목사며, 오클라호마 시립대학교 철학과에서 수사학을 가르치는 종신교수로, 반전 평화운동가로도 활동하고 있는 로빈 마이어스(Robin Meyers)는 새로운 하나의 운동으로서의 신앙공동체에 대하여 말하기를, "언더그라운드 교회"라고 명명하였다.[19]

그 특징은 조직 자체의 생존과 번영에 초점을 두지 않고 비폭력

17 김창수, 『멋진 통일운동 신나는 평화운동』 (서울: 책세상, 2000), 76.
18 박우영, "평화교육의 장으로서의 신앙공동체에 관한 비판적 이해: 평화공동체로서의 교회와 실천 과제를 중심으로", 「신학과 실천」 79(2022), 670-671.
19 Robin Meyers, 『언더그라운드 교회: 예수의 철저한 사랑의 길을 따르는 방법』, 김준우 역 (고양: 한국기독교연구소, 2013), 231-232.

적 삶의 방식을 통해서 세상의 지배가치와는 전혀 다른 배려와 공감, 그리고 자기희생을 함께 실천하는 것이다.[20] 이는 예수의 평화적 삶의 방식을 율법적으로 이해한 규범 윤리가 아니라 종말론적 책임윤리로 받아들였다는 것을 의미한다. 마이어에 따르면, 운동으로서의 교회는 예수의 삶을 통해 이미 이루어진 하나님 나라, 그리스도 안에서 역동적으로 벌어지고 있는 새로운 피조물로서의 삶, 그리고 미래에 완성될 하나님 평화의 통치에 대한 믿음을 바탕으로 실천력을 얻는다.[21] 이처럼 교회가 맺어가는 새로운 삶의 방식과 관계성은 제국의 위계질서와 폭력적 지배방식과는 철저히 구별되었다.[22]

하나의 운동으로서의 교회 이해와는 달리 콘스탄틴 대제의 기독교 공인과 더불어 제국의 질서에 대한 타협한 제도적 교회의 형태가 역사 속에 등장하기 시작하였다. 정치, 사회, 경제의 지배적 원칙과 이론들이 교회 안으로 들어오기 시작했고, 교회는 지연되는 종말과 더불어 지속되는 참혹한 역사 속에서 여전히 믿음을 가지고 산다는 것이 과연 무슨 의미를 갖는지 신학적으로 설명해 내어야 했다. 이와 같은 삶의 정황 가운데서 교회는 기독교 신앙을 변증하고 교리와 신학의 체계를 확립하기 시작했으며, 역사 속의 죄

20 Robin Meyers, 『언더그라운드 교회: 예수의 철저한 사랑의 길을 따르는 방법』, 360.
21 Robin Meyers, 『언더그라운드 교회: 예수의 철저한 사랑의 길을 따르는 방법』, 101.
22 박우영, "평화교육의 장으로서의 신앙공동체에 관한 비판적 이해: 평화공동체로서의 교회와 실천 과제를 중심으로", 672.

와 악의 현실에서 구원을 제공하는 구원자 예수에 관한 이해를 보다 강조하기 시작했다.[23]

더 나아가서 교회는 하나님 은혜의 통로로 존재하기보다 교회 자체를 은혜라고 주장하기에 이르렀다. 세상과의 관련성 속에서 교회의 보편적 영향력을 확보하기 위해서 예수의 가르침과 윤리는 상당 부분 선택적으로 재해석되었고, 교회는 핵심적인 내적 가치들을 세상과의 타협적인 차원에서 포기하기도 하였다. 이와 같은 현상을 '부정적 보편주의'(negative universalism)라고 특징지을 수 있을 것이다.[24]

제도적 교회의 등장은 평화적 삶의 방식을 살아가는 역동적 운동으로부터 세상 속에서의 보편적 영향력을 확보하는 일로 교회의 방향성을 전환시키기 시작하였다. 이처럼 평화적 삶의 방식을 이어간 역사적 평화교회(historic peace churches) 전통이 끊임없이 이어져 왔음을 놓치지 말아야 한다. 역사적 평화교회 전통은 교회 구성원 한 사람 한 사람이 하나님의 뜻을 분별하고 실천할 수 있는 도덕적 주체임을 인정하였다. 하나님과 직접적 관계가 가능한 존재에 대한 이해를 가지고 있었기 때문이다. 이를 바탕으로 공동체의 구성원들 사이에 평화와 평등의 관계를 세워나가고, 힘의 균형으로서의 평화가 아니라 생명 존재들의 깊은 근원적 관계성에 관심을 가졌다. 정의로운 폭력이나 힘을 의지하여 효율적으로 세상을 경영

---

23 박충구, 『기독교윤리사 III』 (서울: 대한기독교서회, 2008), 161-162.
24 박충구, 『기독교윤리사 III』, 162.

하라는 가치구조에 반대하며 오로지 하나님의 사랑에 응답하는 예수의 순종과 헌신을 핵심적 삶의 방식으로 취하였다.[25] 이것은 지배적 권력과 사회구조에 적극적으로 대항하면서 비폭력적 삶의 새로운 방식이 존재한다는 입장을 분명하게 한 것이다.[26] 절대적 비폭력 평화주의 입장에 서서 예수의 삶이 제시하는 대안적 삶의 방식을 끊임없이 추구함으로써 하나님 나라의 미래 질서를 지금 여기서 살아가는 교회가 형성해 왔다.[27]

2) 평화공동체로서의 평화교육을 위한 실천

역사적 평화교회 전통과는 다른 제도적 교회 방식의 신앙생활이 역사적으로 지배적이었지만 여전히 교회는 본질적으로 하나의 평화운동이자 정의로운 평화를 바탕으로 새로운 관계성을 창출해 가는 가능성의 장의 역할을 감당해 왔다. 물론 교회는 평화의 주체로서도 역할을 해 왔지만 동시에 폭력적 주체로서도 지배적 영향력을 행사해 왔음을 기억해야 한다. 그렇기에 문화적 폭력성을 넘어서는 대안적인 평화적 삶의 방식을 추구하는 실질적인 장으로서의 교회 이해를 적극적으로 추구할 필요가 있다. 역사적으로 교회의

---

25 John H. Yoder, *The Politics of Jesus* (Grand Rapids: Eerdmans, 1994), 233-234.

26 위형윤, "핵무기와 평화신학의 실천과제에 관한 연구", 「신학과 실천」 35(2013), 15.

27 김성호, "디트리히 본회퍼의 그리스도론적 평화설교", 「신학과 실천」 71(2020), 219.

평화와 폭력이라는 양면적 특성을 인식하고 읽어냄으로써, 평화적인 삶을 지향하는 다른 선택지가 있음을 교회가 책임으로 제시해야 할 것이다.[28] 이러한 차원에서 평화사상가요 평화운동가였던 함석헌은 평화에 대한 이해에 대하여 말하기를, "평화만이 유일한 길이다. 같은 삶만이 삶이다. 공존만이 생존이다. 평화는 자연 현상이 아니고 자유의지를 통해 오는 윤리 행동이다"라고 하였다.[29]

평화적 삶은 공동체를 통한 관계적 삶에 대한 이해를 방탕으로 하며, 교회의 실천적 삶의 시작은 공동체를 이루도록 하는 하나님 경험이고 또한 공동체를 통해서 증언되는 하나님의 경험이다. 하나님과의 관계성 속에 놓인 하나님의 백성들로 살아가기 위해서 어떤 성품과 행동이 요구되는지의 질문은 가질 수밖에 없다. 하나님의 백성들이 서로서로 어떻게 살아가야 하는지, 그리고 믿음의 공동체 밖의 세상과는 어떻게 함께 살아갈 것인가의 질문에 응답해 가는 삶이 바로 도덕적 삶의 실천이 되었다. 이것이 바로 평화적 삶의 방식, 그리고 책임의 공존을 지향하는 삶이었다. 그러므로 신앙공동체로서의 교회, 즉 평화공동체로서의 교회 또한 사회적 관계성의 한 형태이며, 도덕적 삶의 물질적 현실이다.[30]

바로 이러한 구체적 관계성 안에서 새로운 평화적 삶의 방식을

---

28 박우영, "평화교육의 장으로서의 신앙공동체에 관한 비판적 이해: 평화공동체로서의 교회와 실천 과제를 중심으로", 673.

29 함석헌, 『평화운동을 일으키자』(파주: 한길사, 2009), 17.

30 Bruce C. Birch and Larry L. Rasmussen, *Bible and Ethics in the Christian Life* (Minneapolis: Augsbrug Fortress, 1989), 19-20.

알아가는 것은 도덕적 실천과 직접적으로 연관되며, 이를 통해 평화공동체의 평화 감수성을 계발하고 중진 시켜 나가는 것이 요청된다.[31] 예를 들면, 국내에 있는 북한이탈주민을 상대로 세워진 교회를 방문하거나, 그 교회 성도들을 초청하여 함께 연합예배를 가지고, 그들을 직접 만나 대화와 그룹별 교제를 통해 북한을 경험하게 하는 것도 좋을 것이다.

평화교육을 위한 실천은 우리의 일생에서 지속성 있게 이루어져야 한다. 최초의 평화교육 장소인 가정은 중요한 역할을 실천하는 곳이다. 평화공동체라 할 수 있는 교회와 학교, 그리고 모든 정치 조직은 평화교육에 참여해야 한다. 오늘 평화교육을 받은 사람들이 미래에 결정을 내릴 것이다. 평화교육은 오랜 노력이 필요하지만 만약 이것이 제대로 수행된다면 창조 세계 전체에 유익한 많은 열매가 맺힐 것이다.[32]

2. 평화교육에 대한 이해

북한선교를 위한 평화교육에 대한 이해의 본질은 북한과 평화를 바라보는 관점이다. 지금까지 우리는 북한에 대하여 다양한 이야

---

31 박우영, "평화교육의 장으로서의 신앙공동체에 관한 비판적 이해: 평화공동체로서의 교회와 실천 과제를 중심으로", 674.
32 세계교회협의회, 『정의로운 평화동행』, 기독교평화센터 역 (서울: 대한기독교서회, 2013), 127.

기를 듣고 있었는지, 아니면 단편적인 이야기들로 고정 관념을 형성했는지 생각해 보아야 한다.[33] 따라서 분단된 한반도에 사는 한국 사람들에게 한국 사회와 한국교회는 이질성보다 동질성을 더 강조해야 하는 평화교육에 대한 이해에 대하여 살펴보고자 한다.

1) 평화교육의 목적

사회는 현실에서 사회 구성원들의 평화로운 생활을 유지하기 위한 문제가 있다. 평화교육은 그런 문제와 함께 시작된다. 교육의 영역에 포함되는 평화교육은 인간 삶의 실제적인 문제에 관계하며 그것들을 해결하고, 총체적인 위기를 극복하려는 교육적인 노력을 하는 것으로 시작된다. 그래서 평화교육은 인간 삶의 총체적 비평화에 있어서 질문을 제기하고 평화문화를 창조하는 것이다.[34]

평화교육의 유래는 17세기 체코슬로바키아의 세계적인 교육자 코메니우스(John A. Comenius, 1592~1670)의 30년에 걸친 종교 전쟁을 바탕으로 인류 전체의 평화를 염원하고 이를 위한 교육을 중요시한 데서 찾을 수 있다. 1667년에 그는 『평화의 천사』라는 글을 발표하면서 평화의 전제로 온화함과 사랑의 두 가지 특성을 제시하였는데 온화함과 사랑을 가르치는 교육이 변화무쌍한 세계에 평화를

---

33 박성춘 · 이슬기, 『다문화 시대의 통일교육』(서울: 집문당, 2016), 3-5.
34 한만길 외 3인, 『남북한 화해 협력 촉진을 위한 통일교육의 과제』(서울: 통일연구원, 2000), 11.

존속시킬 수 있는 유일한 대안이라는 것이다.[35]

그래서 평화교육의 목적은 평화를 위한 교육이고 평화에로의 교육이다.[36] 세상에는 정치, 이념, 사회, 인종, 문화, 경제적 차이로 경쟁과 대립과 충동이 있기에 평화교육의 5가지 목적은 다음과 같다. 첫째, 평화교육은 이런 갈등의 관계를 배타적인 태도나 공격적인 태도, 또는 물리적인 태도로 해결하려는 것이 아니라 대화와 분석과 이해의 결과로 생산적인 타협을 통해 해결되도록 하는 일이다.[37] 둘째, 평화교육은 현존하는 전쟁과 폭력을 반대할 뿐만 아니

---

35 최관경, "평화교육에 관한 연구",「부산교대 초등 교육 연구」6(1995), 200.
이러한 평화운동이 사회운동으로 발전한 것은 19세기 초로 보인다. 미국에서는 1815년에 뉴욕평화협회(New York Peace Society)가 조직되었고, 1828년에 미국평화협회(American Peace Society)가 조직되었다. 영국에서는 1816년 런던에 평화협회가 조직되었고, 프랑스에서는 1821년 파리에 그리스도교 윤리협회(Societe de la Chretienne)가 조직되었으며, 1830년에 최초의 유럽 대륙의 평화운동 단체인 파리 윤리협회(Societe de la Morale Paix)가 제네바에서 결성되었다. 독일에서는 1892년 11월 9일 오리지 여성 수트너(Bertha von Suttner)와 프리드(Alfred Herrmann Fried)가 중심이 되어 베를린에 독일평화협회(Duetsche Fredenesgesellschaft, DFG)를 조직하였다. 1914년 8월 1일 영국과 독일과 미국의 기독교인들이 중심이 되어 교회 국제 화해 연맹도 만들었다. 인류는 제1차 세계대전을 겪으면서 국제 평화의 필요성을 절감하고 평화 연구에 관심을 가지게 되었다. 1930-1940년대 국수주의, 인종 차별, 파시즘 등과 같은 집단 편견과 이데올로기의 횡포에 대한 비판으로부터 본격적인 평화운동이 출발하였다. 그리고 제2차 세계대전 이후 전통적 평화교육이라고 부르는 유네스코의 "국제 이해 교육원"에서 평화교육이 시작되었다. 평화학은 요한 갈퉁(Johan Galtung)에 의해 시작되었고, 1950년대 이후 주로 서유럽 및 북유럽 학자들에 의해 발전되었다. 조은식,『통일 선교: 화해와 평화의 길』(서울: 미션아카데미, 2007), 235-236.
36 최관경, "평화교육에 관한 연구", 200.
37 Hermann Rohrs,『평화 교육학』, 김건환 역 (서울: 배영사, 1984), 29. 평화

라 폭력 및 전쟁을 억제하고 방지하며 삶의 모든 영역에서 나타나는 잠재적인 폭력과 비평화적 요인을 제거하며 나아가서 사회와 국가 안에 존재하는 구조적인 폭력을 제거하는 것이다.[38] 셋째, 평화교육은 평화를 창조하고 평화를 추구하며 평화를 유지하는 능력을 형성하고 길러 주는 교육을 말한다. 이것은 평화를 위한 교육의 총체적 교육 목적이다.[39] 넷째, 평화교육은 평화를 만들 방법과 평화를 비평화 상태에서 실현할 수 있도록 준비시키고, 평화를 보존하는 평화의 일꾼으로 양성하는 것이다. 인류의 이상인 평화를 실현하는 것이 평화교육의 본질이다. 마지막으로 다섯째, 평화교육은 나와 근본적으로 다른 사람들과 어떻게 함께 조화를 이루어 사는가를 교육하는 것이다.[40] 다시 말해 평화교육은 평화를 만들기 위해 또 평화를 증진 시키기 위해 사람과 사회의 의식을 바꾸려는 노력이다.[41]

궁극적으로 평화교육의 목적을 실현하기 위해서 먼저 평화가 무엇인지, 비평화가 무엇인지를 알도록 전쟁과 폭력에 대한 바른 인식을 가지는 교육이다. 평화교육은 인식적 지식과 더불어 평화 문제를 해결하기 위한 비평 의식을 가르친다. 이것은 평화 역량 형성을 위한 교육이 지적 학습에 의해서만 충족될 수 없다고 보고 실제

를 창조한다는 것은 현재 사람의 복잡한 요소를 파악하여 평화적인 방법으로 그 문제를 해결하고 삶의 질서를 만들어가는 일을 가리킨다.

38 조은식, 『통일 선교: 화해와 평화의 길』, 237.
39 최관경, "평화교육에 관한 연구", 200.
40 문전섭, "성숙한 교회와 평화교육", 「교회교육」 142(1988), 9.
41 조은식, 『통일 선교: 화해와 평화의 길』, 237-238.

적인 평화 역량을 형성하기 위해 평화를 체험하게 하는 것이다. 그리고 이런 비교와 체험을 통하여 평화의 중요성과 필요성을 깨닫게 하는 것이다. 또한 평화교육은 다문화 된 사회에서 타인을 용서할 것을 장려하고, 서로 화해할 것을 추진하며, 깨진 관계를 회복하고, 평화적 공존의 상태를 제공하며, 평화를 유지하려는 노력을 포함한다. 이처럼 평화교육의 내용은 총체적 교육의 상세한 목적에 평화 역량을 구체화하고 교육의 전 과정을 형성한다.[42]

2) 평화교육의 영역

평화교육은 굉장히 광범위한 영역으로 사회학, 사회심리학, 정치학 등과 관련이 있다. 이러한 연구 영역으로는 단순히 전쟁 방지를 위한 연구보다 더 많은 것을 뜻하는데, 개인적 자유 실현을 비롯하여 사회정의의 실현을 포함한다.[43] 평화교육은 가정 폭력 문제, 사회단체들의 내분, 국제적인 분규, 전쟁, 무기 경쟁(핵무기, 세균전쟁), 군비축소, 식량자원 파괴, 대기 오염 등을 다룬다. 일반적으로 평화교육은 시간과 장소에 따라 다양한 영역에서 실천된다. 특히 유대인과 팔레스타인을 위한 공존 교육은 중동의 평화교육의 구체적인 형태라고 말할 수 있다. 문화유산과 상호 이해를 위한 교육은 구교와 신교의 심각한 대립이 있는 북아일랜드에 있는 다른

---

42 한만길 외 3인, 『남북한 화해 협력 촉진을 위한 통일교육의 과제』, 16-17.
43 Hermann Rohrs, 『평화 교육학』, 86-87.

종교적 배경의 학생들을 위한 평화교육의 구체적인 예라고 볼 수 있다. 유럽과 북미의 군축을 위한 교육과 반핵 교육, 그리고 베를린 장벽이 무너지고 동서의 긴장이 사라진 후 환경 교육은 관심과 이해의 주된 사안들이다. 해방교육과 인권교육은 라틴 아메리카와 아프리카에서 교육의 역할을 하고 있다.[44] 그 외에 여성 평화운동 등이 평화교육의 한 부분으로 포함된다. 이러한 평화교육들은 현실에서의 그들의 관심과 문제를 반영하는 것이다.[45]

3. 기독교의 평화교육

역사 속에서 교육의 내용은 언제나 시대적 요청에 민감하게 반응해 왔다. 원시시대 교육에서는 원시시대 사람들의 사회적 환경과 요구에 응했고, 예수님 시대에는 그 시대에서 요구하는 교육이, 중세와 근현대 초기에도 역시 동일한 교육이 실시되었다. 그것은 교육의 과정을 통해서 변화하는 시대와 사회에 적응할 수 있는 사람으로 키워내야 하기 때문이다. 교육이라는 차원에서 교회 교육도 예외일 수 없다. 한국기독교 초기에는 선교사들을 통해 근대화를 위한 인재 양성이 교회 교육 가운데서 이루어졌다. 한글을 가르쳤고, 영어를 가르쳤고, 조국의 독립을 위한 애국심을 가르쳤고,

---

44 한만길 외 3인, 『남북한 화해 협력 촉진을 위한 통일교육의 과제』, 12.
45 조은식, 『통일 선교: 화해와 평화의 길』, 239.

세계와 문화를 가르쳤으며, 근대 최초의 여성 교육이 교회에서 이루어졌다.[46]

한국교회가 주목해야 할 시대적 요청과 교회의 과업 가운데 하나가 한반도 평화의 문제이다. 이러한 문제는 오늘날 이 시대가 요구하는 절실한 요청이며, 국제적, 국가적, 민족적, 교회적 문제이다. 한국교회가 이 문제에 진지하게 주목해야만 한다. 남북을 둘러싼 한반도의 평화 문제는 세계 유일 분단국의 문제로서 이제 국제적인 이슈이다. 이미 한반도의 문제는 남북과 주변의 열강 4개국이 포함하는 2003년 6자회담이라는 모양새로 고리가 연결되어 있다. 2004년 미국 국회는 탈북자들을 보호하기 위한 북한인권법을 제정하고, 2006년 일본조차도 북한인권법을 만들어 평화를 대비하고 있다.[47]

미국은 북한인권법 아래 북한 인권 대사를 별도로 임명하여 활동하고 있으며, 중국 내 탈북 고아들을 위한 특별법을 2012년에 제정하여 탈북 고아들의 구출에도 힘을 쏟고 있다. 김일성 3대 부자 세습의 전대미문의 북한 독재 정권이 자국민들에게 자행하고 있는 인권탄압은 유엔의 중요사안으로 채택되어 2013년 북한인권조사위원회를 가동하였다. 남북의 평화 문제는 이제 한국만의 문제가 아니라 전 세계가 요청하고 있는 국제적인 문제이다.[48]

----

46 임창호, "교회교육 현장에서의 통일교육 방향성", 「교회와 교육」 201(2013), 58-59.
47 임창호, "교회교육 현장에서의 통일교육 방향성", 59.
48 임창호, "교회교육 현장에서의 통일교육 방향성", 59.

국제적인 평화 문제는 국가적이고 민족적인 문제이다. 대한민국 헌법 4조에 "대한민국은 통일을 지향하며, 자유민주적 기본질서에 입각한 평화적 통일 정책을 수립하고 이를 추진한다"라고 명시하고 있고, 헌법 66조 대통령의 직무 3항에 "대통령은 조국의 평화적 통일을 위한 성실한 의무를 진다"라고 명시하고 있다. 평화는 국가적 민족적인 중요사안이기 때문이다. 그러나 무엇보다도 평화 문제는 개교회적으로, 범교회적으로 연대하고 힘을 합하여 풀어나가야 할 한국교회의 역사적이고 숙명적인 과제이다. 이스라엘 사람들에게 예루살렘이 성지와 같은 소중한 땅이라고 한다면, 한국 기독교인들에게 있어서 평양 역시 성지와 같은 소중한 땅이라고 말할 수 있겠다.[49]

사실 평양은 기독교 최초의 토마스 선교사가 첫발을 내디뎠고, 복음을 전하다가 순교의 피를 뿌린 곳이다. 한국 최초의 목회자 양성기관인 평양신학교는 1907년 6월 20일 평양 장대현 교회에서 제1회 졸업식이 거행되었는데 7명으로 한석진, 이기풍, 길선주, 송인서, 방기창, 서경조, 양전백이 배출된 곳이다.[50] 그리고 최초의 기독교 선교사인 이기풍, 한석진, 방기창이 파송된 곳이 평양이다. 더 나아가서 세계선교 역사에 빛나는 성령의 대부흥의 바람이 불었던 곳이 1907년 1월 평양 장대현 교회이다. 일본 식민지 당시, 주기철 목사를 비롯한 수많은 성도가 신사참배 반대로 인해 투옥

49 임창호, "교회교육 현장에서의 통일교육 방향성", 60-61.
50 강석진, 『북한교회사』(서울: 쿰란출판사, 2020), 56.

되고 순교 당하면서 한국의 모든 교회와 성도들에게 하나님 중심의 믿음의 불을 지폈던 진원지가 평양이다. 한국교회 믿음의 모태와도 같은 곳, 한국 최초의 교회인 소래교회도 북한 땅에 세워졌던 곳, 일제 암흑기에 민족의 등불 역할을 하며 애국지사들을 키워냈던 오산학교도 북한 땅 정주에 위치하였다. 북한의 평양은 잃어버렸던 성지로서 반드시 다시 회복되어야 하는 땅이다.[51]

무엇보다도 중요한 것은, 남북 분단 이후 70여 년 동안 모진 핍박과 박해에도 불구하고 꿋꿋하게 기독교 신앙을 지켜오고 있는 수만 명의 지하교회 성도들이 아직도 북한 땅에 살아남아 있다는 사실이다. 신앙에 평화의 날이 올 것으로 믿고 기도하는 그들을 위해서 지금 한국교회는 이제 평화를 향한 열정을 평화공동체인 교회에 구체적으로 가르쳐야 하고 준비시켜야 한다. 세계선교를 향했던 열정의 불길을 이제는 북한선교를 향해 돌려야 한다.[52]

레슬리 뉴비긴의 선교적 교회론에 대한 연구로 네덜란드 위트레흐트대학교(Utrecht University)에서 박사학위를 받은 커버넌트신학교(Covenant Theological Seminary)의 선교신학 교수인 마이클 고힌(Michael W. Goheen, 1955~)은 "선교의 궁극적인 목표는 하나님의 영광이다"라고 말했다.[53] 세계 도처에서 뿐만 아니라 사람들이 얼굴을 하나님께 돌려 그분에게 감사를 드리며 그분을 영화롭게 하도록 해야 한다.

---

51 임창호, "교회교육 현장에서의 통일교육 방향성", 61.
52 임창호, "교회교육 현장에서의 통일교육 방향성", 62.
53 Michael W. Goheen, 『교회의 소명』, 이종인 역 (서울: IVP, 2022), 202.

즉 하나님의 영광이 선교의 목적이자 목표이고, 선교의 유일한 목표는 우리가 그분을 찬미하여 영화롭게 해야 한다는 것이다.[54]

하나님의 영광을 위한 기독교의 평화교육은 미래 지향적이기 때문에 한국기독교가 목회자를 위한 세미나와 교회학교 교사들을 위한 평화교육의 활성화를 통해 그들에게 평화에 대한 적극성과 긍정성을 갖도록 해야 할 것이다. 그리고 기독교의 평화교육을 통하여 평화문화를 창출하도록 노력해야 할 것이다. 이것은 평화선교에 대한 신앙적 실천적 삶을 통해 드러날 것이다.[55]

기독교 평화센터에 따르면, 기독교의 평화교육을 위한 실천에 대하여 말하기를, "첫째, 평화교육은 단순한 평화 활동 전략에 관한 교육이 아니다. 그것은 아주 오랫동안에 걸쳐서 심오한 영적 인격을 형성시키는 일이다. 둘째, 평화교육은 마음의 습관이다. 그것은 교육될 수 있다. 평화교육은 기독교적 관점에서 이해할 때 결국 실천신학 곧 일상적인 삶의 실천이 되어야 한다. 모든 기독교 교사는 하나님의 평화 메시지를 보편적인 언어와 실천으로 바꾸어낼 수 있어야 하며, 교회의 모든 학생은 차츰 그것을 습득하여 자신의 것으로 만들 수 있어야 한다. 셋째, 평화교육은 모든 연령대를 대상으로 하는 교회 신앙교육의 일부가 되어야 한다. 평화교육은 아동에서 시작하여 청소년과 장년에게로 확대되어야 한다. 넷째, 평

---

54 Lesslie Newbigin, *Signs amid the Rubble: The Purposes of God in Human History* (Geoffrey Wainwright: Eerdmans, 2003), 120-121.

55 조은식, 『통일 선교: 화해와 평화의 길』, 256.

화교육은 모든 예배를 통해 평화를 교육할 수 있어야 한다. 우리가 교육을 단순히 지식의 전달로 제한하는 것이 아니라 인격 형성의 전체적인 과정으로 이해한다면 원칙적으로 기독교 교회 전체, 특히 기독교를 교육의 장으로 이해할 수 있다. 마지막으로 다섯째, 평화교육은 교육에 대한 기독교적 인식으로 아주 초기부터 평화와 정의의 가치를 가르치려고 노력해야 한다. 평화를 소중히 여기도록 아이들을 양육하는 것은 주로 유치원에서 이루어지는 기독교 초등 교육의 핵심적인 부분이 되어야 한다"라고 하였다.[56]

• • •

결론적으로, 한인 디아스포라를 위한 기독교의 평화교육에 대하여 살펴보았다. 통일교육은 통일역량을 배양하고 남북한의 사회, 문화를 통합하는 데 매우 유용한 수단이다. 즉, 통일교육은 사회 구성원의 통일역량을 배양하여 통일 과정이나 통일 이후 발생할 수 있는 여러 문제를 해결해 주기 때문에 남북한 사이의 내적 통일을 촉진하는 촉매제가 될 수 있다.[57] 독일의 경우 일반 학교의 전 교육과정 속에서 기독교 종교(성경 교육)를 가르쳐서 인간 생명의

---

56 세계교회협의회, 『정의로운 평화동행』, 127-128.
57 변종현, "20대 통일의식과 대학 통일교육의 과제", 「통일정책연구」 21(2012), 159.

존엄성, 인권의 중요성, 화해와 용서, 사랑, 평화 등 성경의 기본 사상이 서독 사회의 윤리적 근거와 행동의 보편적 기준이 되어 있었다. 이것은 동독교회의 목사들을 통해 동독 청소년 교육에 반영이 되었고, 공산주의와 사회주의 환경 속에 예수 그리스도의 교회가 존립할 수 있도록 '사회주의 안에서 교회의 신앙교육'을 포기하지 않았다.[58] 교육 분야에서 독일이 그랬던 것처럼 한국 사회와 한국 교회는 분단의 아픔을 극복하고 복음을 전하기 위해서 용서, 화해, 평화, 사랑 등의 성경적 가치를 지속성 있게 교육해야 할 것이다.[59]

평화를 만들어가고 북한선교를 위해 먼저 해야 할 일은 용서와 화해이다. 특히 사도 바울은 예수 그리스도를 통해 우리에게 주신 사명이 화해라고 주장한다(고후 5:18-19).[60] 예수 그리스도와의 화해를 통해 하나님과도 화해해야 한다는 의미이다. 이것은 에덴동산에서의 불순종에 대한 죄를 그리스도의 희생을 통해 용서받고 하나님과 깨어진 관계를 회복시킨다는 것을 암시한다. 이 화해의 사명은 십자가를 통해 우리에게 주어졌다. 따라서 그리스도를 중심으로 횡적으로는 이웃들과 화해해야 한다. 이웃은 사람뿐만 아니

---

58 정일웅, "교회의 연합정신과 한국교회의 민족통일에 대한 노력", 「민족통일과 개혁신앙」 20(2006), 55-56.

59 최원진, "통일 한국을 향한 한국 교회의 선교적 사명", 「복음과 선교」 26(2014), 163. "모든 것이 하나님께로서 났으며 그가 그리스도로 말미암아 우리를 자기와 화목하게 하시고 또 우리에게 화목하게 하는 직분을 주셨으니 곧 하나님께서 그리스도 안에 계시사 세상을 자기와 화목하게 하시며 그들의 죄를 그들에게 돌리지 아니하시고 화목하게 하는 말씀을 우리에게 부탁하셨느니라"(고후 5:18-19).

60 조은식, "평화통일을 향한 평화선교와 목회", 262.

라 모든 피조물을 포함한다. 아울러 종적으로 하나님과도 화해해야 한다.[61] 북한선교를 위해 한국교회가 평화를 이루고 평화 상태를 유지하기 위한 필수적인 조건은 서로 화해하는 기독교의 평화교육이 더욱 필요한 것이다.

아직도 정책적 차원에서 벗어나지 못한 정부의 교육에 대한 대안으로서 한국교회는 기독교의 평화교육을 성경적 평화의 가치에 입각으로 용서하고 화해하는 차원의 교육으로 펼쳐 나가야 할 것이다. 그럴 때 한국 사회와 한국교회는 온전한 평화를 향한 걸음을 내디딜 수 있기 때문이다.[62] 무엇보다 작금의 추락 된 교회의 공신력 회복을 위해 공의로운 윤리관을 정립하여 사회윤리의 잣대로 비추어보아도 어긋남 없는 투명한 모습을 보여 주어야 할 것이며, 또한 교회에서는 평화교육을 실시해야 할 것이다. 아울러 교회 안에 머물러 있던 동적인 모습에서 벗어나 사회봉사와 이웃 사랑의 실천을 통한 평화선교와 목회가 이뤄져야 한다.[63] 그렇게 할 때 한국교회는 부끄럽지 않는 평화 통일시대를 열어갈 수 있을 것이다.

61 Robert J. Schreite, *Reconciliation* (Maryknoll: Orbis Books, 1992), 42-62.
62 조은식,『통일 선교: 화해와 평화의 길』, 258.
63 조은식, "평화통일을 향한 평화선교와 목회", 271.

09

평화로 가는 선교

기독교는 예수 그리스도의 복음을 땅끝까지 전하는 선교 사명과 과제를 가진 종교이다(마 28:19, 행 1:18). 이것은 하나님을 떠난 세상의 모든 인간이 그리스도의 복음의 소리를 듣고 주님께로 돌아와 구원의 은총을 입으며, 살아계신 하나님을 섬기며 살아가는 복된 자들이 되도록 돕는 일이다.[1] 그러나 북한의 기독교는 자생적, 자치적, 자급적인 단체가 아니라 북한 당국의 감시와 통제를 받는 어용 교회로서 존재할 뿐이다. 복음을 전하고자 하는 북한 환경이 아직도 김일성 우상화를 통한 주체사상이기에 기독교 선교의 직접적이며 자유로운 활동은 전혀 생각할 수 없다. 이것이 북한선교에 관심을 가지고 선교전략을 모색하는 이들에게 최대의 도전이다.[2] 북한선교는 한국교회의 당면 과제 중 가장 시급하고 중요한 사안이다. 그러나 북한선교가 시급하다고 해서 무조건 가서 구원의 복음을 전하고 가르치고 세례를 줄 수 있는 직접적인 선교를 북한 내의 상황과 여건이 수용하지 않기에 문제이다. 이러한 점에서 북한선교는 간접선교에 제한될 수밖에 없는 것이다. 그것은 북한 내의 종교를 탄압하고 말살하던 기본적 토양이 변하지 않고 그대로 존속되어 있기 때문이다.[3]

이러한 의미에서 한국교회는 북한을 향해 인적자원과 물적 자원

---

1 정일웅, 『북한선교와 남북통일을 위한 섬김의 신학』 (서울: 총신대학교 출판부, 2012), 15.
2 김영욱, 『복음주의 입장에서 본 북한선교』 (양평: 아신대학교 출판부, 2012), 319.
3 김영욱, 『복음주의 입장에서 본 북한선교』, 319.

을 모두를 가지고 있기에 가능한 선교전략을 동원하여 복음을 증거하며 선교해야 한다. 같은 동포이며 한민족인 한국교회가 북한을 향해 복음을 전파하고 선교해 나가야 할 충분한 이유가 있는 것이다.[4] 아울러 선교에 있어서 모든 영역을 선교대상지로 보기 때문에 그에 따른 맞춤형 선교전략을 다루어야 한다.

아신대학교 북한 선교학 교수인 정종기는 "북한선교전략도 새로운 패러다임이 필요하고, 시대와 환경에 맞추어야 하며, 한국의 6만 교회에 필요한 전략이 필요하다"라고 주장하였다.[5] 따라서 한국교회가 북한을 선교하는 전략에 있어서 선교의 가능성을 보고 이에 따른 한인 디아스포라를 향한 선교에 대하여 살펴보고 한다.

1. 의료를 통한 한인 디아스포라 선교

한반도 최초로 의료선교의 문을 연 선교사는 1884년에 내한한 미국 북 장로회 소속 의사 알렌이다. 알렌은 1858년 4월 23일 미국 오하이오주 델라웨어에서 출생하였다. 1881년 오하이오 웨슬리대학교(Wesleyan University) 신학부를 졸업하고 1883년 오하이오주 마이애미의과대학을 졸업하고 의학박사 학위를 취득하였다.[6] 그는 학

---

4 김영욱, 『복음주의 입장에서 본 북한선교』, 367.
5 정종기, 『북한선교개론』(양평: 아신대학교 출판부, 2019), 473.
6 이만열, 『한국기독교의료사』(서울: 아카넷, 2003), 34.

위를 받은 그해 10월에 미국 북 장로회 선교사로 중국에 파송되어 상해와 남경 등지에서 의료선교로 활동하였다. 그러던 중 조선이 문화를 개방하자 그는 조선 선교사로 지원하였다.[7] 1884년 12월 4일 조선의 정치개혁을 위한 갑신정변(甲申政變)이 발생하였는데, 이 정변으로 알렌과 그의 추종자들에게 한국 사회에서 의료행위를 확대하게 되었고, 의료선교의 토대를 만들어 주었다.[8] 당시 알렌은 정변에서 심한 상처를 입고 생명의 위험에 빠진 고종 왕후의 조카인 민영익을 치료해 주었고, 그 일로 인해 왕실 가족은 서양 의료와 알렌을 신임하게 되었다. 그리고 그는 왕실의 의사로 활동하여 '제중원'(濟衆院)[9]이란 병원을 설립할 수 있게 되었다. 이것이 한반도 최초의 서양식병원이 공식적으로 설립되었다. 이러한 병원의 의료봉사는 전통적인 조선 의술과는 비교할 수 없는 탁월한 것으로 정부와 협의하여 가난한 환자들은 무료 진료와 약 처방으로 선교의 정신을 보여주는 기회가 되었다.[10]

더 나아가 여성들과 아이들을 돌보는 병원의 필요성을 인식하고 여성 외국선교회에서 여성 의사의 파송을 요청하였고, 그 요청으로 메타 하워드(Meta Howard)란 의사가 1887년 10월에 한국에 왔으

---

7 손영규, 『코리아, 아직도 그대는 내 사랑!』 (서울: 예영커뮤니케이션, 2022), 28.

8 정일웅, 『북한선교와 남북통일을 위한 섬김의 신학』, 100.

9 제중원은 중생을 구하는 집이라는 뜻으로, 처음 명칭은 '광혜원'(廣惠院)이었고 2주 만에 제중원으로 바뀌었다.

10 민경배, 『한국 기독교회사』 (서울: 연세대학교 출판부, 1993), 150.

며, 1888년 4월에 여성을 돕는 병원인 '보구여관'(保救女館)[11]이란 여성병원이 서울 정동에 개원하였다. 이 병원은 남성 중심의 가부장적인 전통사회에서 소외되었던 여성들이 의료기술의 도움을 얻을 수 있었고, 동시에 그리스도의 복음을 접할 기회가 주어졌다.[12] 하워드는 건강상의 이유로 선교 2년 만에(1887.10~1889. 9) 미국으로 돌아간 후 1년 만인 1890년 10월 미국 감리회 의료선교사로 내한한 로제타 홀(Rosseta S. Hall, 1865~1951)이 부임하여 보구여관을 맡아 운영하였다. 로제타는 훗날 미국 감리회 의료선교사로 내한한 윌리엄 홀(William J. Hall, 1960~1894)과 결혼하여 동양의 예루살렘인 평양 지역의 복음화를 위해 헌신하였고, 먼저 순교한 남편을 기념하기 위하여 1897년 1월에 평양의 최초 병원인 홀 기념병원(기홀 병원)을 건립하였다.[13]

1886년부터 1895년에 한반도 전국에 콜레라 감염병이 확산했을 때, 선교사들은 의료를 동원하여 감염병 퇴치를 위하여 적극적인 의료선교 활동을 전개하였다. 당시 콜레라로 인하여 서울에서만 7,000명이 사망하였고, 선교사 호러스 알렌(Horace N. Allen, 1858~1932), 존 헤론(John W. Heron, 1856~1890), 윌리엄 스크랜튼(William B. Scranton, 1856~1922), 애니 엘러스(Annie J. Ellers, 1886~1936), 호러스 언더

---

11 명성황후는 이 병원을 '보구여관'이라는 이름을 하사하였다. 보구여관의 의미는 여자 환자를 보호하고 구원한다는 뜻이다. 이화여자대학교 병원의 전신은 보구여관이다.
12 정일웅, 『북한선교와 남북통일을 위한 섬김의 신학』, 102.
13 한국기독교사연구소, "평양대부흥", http://www.1907revival.com/news/articleView.html? idxno=10079. (접속일: 2022.11.19.).

우드(Horace G. Underwood, 1859~1916), 헨리 아펜젤러(Henry G. Appenzeller, 1858~1902), 올리버 에비슨(Oliver R. Avison, 1860~1956) 등은 교파를 초월하여 연합으로 환자를 돌보고 치료와 사망자 처리와 가족 위로와 계몽에 함께 앞장을 섰다. 이러한 모습은 한반도에 백성들의 고통과 고난에 참여하는 일을 한국교회의 역사에서 최초로 보여준 교회 연합 차원에서 이루어진 교회를 통한 의료선교의 모습이었다.[14] 당시 의료를 통한 선교사들의 한반도 백성들을 섬겨준 모습은 그야말로 예수 그리스도의 복음 정신을 잘 보여준 사건이었다. 그들의 희생과 헌신적인 선교는 조선 정부로부터 감사와 함께 그들의 사역과 활동을 인정받는 계기가 되었다. 또한 한국 사람들은 기독교의 돕는 사랑과 신앙과 선교사들의 희생적인 선교에서 십자가의 사랑을 경험할 수 있었다.[15]

이러한 의료선교는 역시 당시 조선 사회를 개혁하는 일에 큰 역할을 하게 되었다. 첫째, 그 당시 샤머니즘의 영향으로 대부분 사람은 악마들이 질병을 일으키는 원인으로 믿었다. 이러한 상황에서 의료선교는 사회에 뿌리 깊게 내려져 있는 미신적인 신앙을 흔들어 놓았다. 둘째, 의료선교는 사회적 신분 고하를 막론하고 모든 사람에게 동등하게 질병을 다루어 주고 있어 백성들의 소속감을 형성하는 일에 크게 공헌하였다. 셋째, 의료선교는 기독교의 인간화와 자신을 희생하는 기독교적인 사랑을 실제화하는 일이었다.

---

14 민경배, 『한국 기독교회사』, 217.

15 정일웅, 『북한선교와 남북통일을 위한 섬김의 신학』, 103.

특히 콜레라가 창궐하여 전 국민을 위협하고 있을 때, 그에 대항하여 노력한 의료선교의 헌신적인 사랑은 모든 국민에게 큰 감동을 주었다. 넷째, 의료선교는 현대적이며, 과학적인 의료지식으로 조선 사회가 구미 사회를 향하여 문을 열게 하는 역할을 하였다. 다섯째, 의료선교의 성차별하지 않는 태도는 여성의 사회적 참여에 새로운 동기를 부여하였다.[16] 훌륭한 의료선교사(醫療宣敎師)가 많이 있었지만 이러한 의료선교는 동서양을 막론하고 사람의 생명을 다루는 것이기에 중요하였다.

따라서 의료를 통한 북한선교의 제한적인 사례이지만 서울 출생으로 현재 미국 국적을 가지고 북한에 들어가 가족과 함께 사는 평양의학대학(平壤醫學大學) 윤상혁 교수는 평양 시민들의 주치의로 살아가고 있다.

2007년에 처음 중국을 통해 함경북도 나선시에 들어갔다. 어려서부터 반공교육을 받았기 때문에 북한에 대한 두려움이 있었다. 무서움이 느껴졌다. 두만강을 따라 들어가면서 길을 안내해주신 목사님이 아오지 탄광이 저쪽에 있다고 하셨을 때, '이제 내일 너는 저기 갈 거야'라고 느껴졌다. 두 명의 안내 지도원을 만났고, 두려움에 떨고 있었다. '저 사람들, 잘 생겼다'라고 하는 아내의 말을 듣고, 정신 차리고 보니 정말 잘생겼다. 북한 사람도 사람이라는 것을 처음으로 확인되었다.

첫 진료 전날에 기도할 때 '금방 낫는 환자들만 보내주세요. 열심

---

16 정일웅, 『북한선교와 남북통일을 위한 섬김의 신학』, 103-104.

히 치료하고 잘 낫게 해서 하나님의 영광을 나타내겠습니다'라고 기도했다. 다음 날 치료하러 갔을 때 노인들만 오셨다. 패배감으로 환자들이 보이지 않았고, 아프다는 말에 수술을 받아야 한다는 말이 반복되었다. 그날 밤에 주님 앞에 원망의 기도를 했다. 다음 날 어제 왔던 환자들이 증상이 좋아져서 또 치료받으러 왔다는 말을 듣고 놀랐다. 10분 걸어갈 때마다 허리가 아파서 주저앉으셔야만 했던 할아버지가 집에 갈 때 한 번도 쉬지 않고 집에 갔고, 또 치료받으러 왔다고 안내원이 말해주었다. 북한에서 치료한 첫 경험이었다. 환자 치료가 잘된다는 소문이 나서 더 힘든 환자들만 왔다.

한 할머니가 오십견이 심해서 8년 동안 팔을 못 쓰셨다. 한쪽 팔이 심해서 한쪽 팔만 쓰다가 다른 팔도 오십견이 심해져서 2cm를 들 수 없었다. 할머니 어깨에 팔을 대고, '주님, 믿는 자에게 나타내는 표적을 주님께서 보여주시옵소서'라고 마음속으로 기도하였다. 주님께서 평안한 마음을 주셔서, 할머니에게 치료가 되었다고 말씀드렸고, 내일 다시 오시도록 말씀드리고, 그날 저녁에 성령께서 찾아가셔서 수술해달라고 기도했다. 다음 날 할머니가 오셨는데, 어제 치료받고 더 아팠다고 하셨다. 치료하면서 팔을 할머니 어깨에 댔는데, 갑자기 내 입술에서 나도 모르게 '할머니 이제 팔 들어보세요'라고 말이 나왔다. '이게 안 들릴 건데'라는 생각이 들었는데, 할머니가 팔을 서서히 들기 시작하셔서 팔이 올라갔다.

그 상황에서 살아계신 하나님의 임재하심을 모든 피부에서 느껴졌다. 북한에 들어가서 살겠다고 하면서 한 번도 '북한 땅에 하나님이 살아 계시는가?'라고 생각한 적이 없었다. 할머니의 팔이 올라가는 광경을 보면서, '이 땅 가운데 살아계시는 하나님'이라는 말씀을 성령께서 주셨다. 살아 계시는 하나님이 다시 마음에 잡히니까, 삭막하게 보이던 모습에 하나님의 아름다운 흔적들이 보이기 시작했다. 북한 땅도 하나님이 창조하신 땅이고, 북한 사람들도 하나님의 형상대로 만들어진 하나님의 사람이라는 것을 느끼게 해주셨다. 하나님께서 이곳에 보내신 것은 나의 힘으로 일하는 것이 아니라, 그저 순종하고 있을 때 살아계신 하나님께서 일하신다는 것을 알려주셨다. 그런 하나님을 경험하니 세상의 어떤 것과도 바꾸기 싫은 삶의 여정이 되었다.[17]

오늘날 기독교에 적대적인 많은 나라들 가운데 의료를 통한 북한선교는 사회계급을 뛰어넘어 예수 그리스도의 사랑을 전하는 길을 여는 데 있다. 그로 인해 의료선교의 우수성은 기독교에 대한 호감을 높일 수 있을 뿐만 아니라 직접적인 복음 선교로 나아갈 기회를 열 수 있을 것이다.

---

17 윤상혁, "CBS 새롭게 하소서", https://www.youtube.com/watch?v=dZJU9YbvU_U. (접속 2022. 11. 22.). 윤상혁, 『사랑으로 길을 내다』(서울: 두란노, 2021).

2. 교육을 통한 한인 디아스포라 선교

선교사들의 활동은 교회와 병원의 설립을 통하여 복음을 전파하는 일 외에도 학교를 설립하여 자녀들에게 새로운 교육과 학문을 전수하는 일에 공헌함으로써 한국 사회의 국민을 일깨우고, 사회의 지도자를 양성하는 일에 교육 선교를 실천하였다. 그러한 교육 선교는 곧 기독교의 복음을 다음 세대에게 전하는 훌륭한 교육 차원에서 이루어지는 선교방식이었고, 동시에 조선 사회를 개화하고 새로운 국가발전을 이끌게 하는 선교사역이었다.[18]

먼저 미국 북감리회(北監理會)의 선교사 아펜젤러는 1885년 6월에 정동에서 두 학생에게 서구식 교육을 시행하였고, 이로써 1887년에 배재학당(培材學堂)을 설립하게 된다. 이 학교의 교육목표는 그리스도 복음의 정신을 길러 교양과 지식을 가진 현대 조선 사회의 지도적인 시민을 양성하는 일이었다.[19] 그리고 윌리엄 스크랜튼 선교사의 모친인 메리 스크랜튼(Mary F. Scranton, 1832~1909)은 1886년 이화학당(梨花學堂)을 설립하여 이 땅에 최초의 여성 교육기관을 운영하게 되었다. 그리고 미국의 여성 외국선교부의 재정지원을 통하여 후에 이화 중고등학교가 설립되었고, 여성대학까지 설립하게 된다.[20] 그리고 장로교 선교사인 언더우드는 교육 선교로 먼저

----

18 정일웅, 『북한선교와 남북통일을 위한 섬김의 신학』, 104.
19 정일웅, 『북한선교와 남북통일을 위한 섬김의 신학』, 104-105.
20 정일웅, 『북한선교와 남북통일을 위한 섬김의 신학』, 105.

1886년 5월에 고아원을 설립하였다. 이 일은 가난한 백성들의 아이들과 고아들을 데려다가 직업학교에서 기술을 배우게 하였고, 언더우드 학당이라고 부르게 되었다.[21]

이후 한국에는 선교사들에 의하여 수많은 학교가 세워지게 되었고, 1887년 6월에 엘러스 선교사에 의하여 시작된 '정동여학당'(貞洞女學堂)이 있었으며, '배제학당'(培材學堂)은 출세 지향적인 남성들에 의하여 처음부터 활기차게 시작된 남성 중심의 학교라면, 이 학교는 고아들이거나, 과부나 첩 등의 소외된 계층의 자녀들을 가르치는 학교였다. 그리고 1905년에 경신학당(儆新學堂)이 설립되었다.[22] 이처럼 교육기관을 설립하여 복음을 전하는 교육 선교는 전국 각 지역으로 확대되었다.[23] 그리고 이러한 교육 선교는 사회의 가난

---

21 한국기독교역사학회,『한국기독교의 역사(1)』(서울: 한국기독교역사연구소, 2005), 197.
22 정일웅,『북한선교와 남북통일을 위한 섬김의 신학』, 105.
23 전국에 교육 선교를 통해 세워진 학교들을 보면 다음과 같다. 평양에서는 1897년에 숭실학교가 설립되었고, 1903년에는 숭의여학교가, 1894년에 광성학교가, 1899년에 정의학교가 설립 운영되었다. 선천 지역에서는 1906년 신성학교가 설립되었고, 1907년에 보성여학교가 설립되었다. 대구지역에서는 계성학교와 신명여학교가 설립되었다. 재령에 명신학교가 1898년에, 강계에 영실학교가 1908년에 인천에서는 영화여학교가 1892년에 설립되었다. 공주지역에서는 영명학교와 영명여학교가 각각 1905, 1907년에 설립되었다. 이천에서는 양정여학교가 1904년에 설립되었으며, 수원에서는 1903년 삼일학교와 1907년에 매향여학교가 설립되었다. 그리고 전주지역에서는 신흥학교가 1900년에 설립되고, 1902년에 기전여학교가 설립되었다. 광주지역에서는 숭일학교가 1907년에, 수피아여학교가 1908년에 설립되었다. 군산지역에서는 1901년 영명학교와 1901년에 멜볼단 여학교가 설립되었다. 목포지역에서는 1903년 영흔학교와 1902년 정명여학교가 설립되었다. 순천에는 매산학교가 1913년에 설립되었다. 함흥에서는 1907년

하고 어려운 자들을 돌보는 사역과 연결되었는데, 앞서 언더우드에게서 시작된 고아원 설립운영과 그들의 교육에서 그 모범을 보였으며, 계속해서 선교사들에 의하여 유치원과 신체 장애자인들을 돌보는 사역은 병행되었다.[24] 이러한 선교사들에 의하여 설립 운영된 기독교 학교들과 유치원과 장애인들을 돌보는 교육 선교는 한국을 복음화하는 중요한 도구였으며, 동시에 한국 민족과 한국 사회를 개화하는 데 크게 공헌한 교회의 사역이었다.[25]

따라서 오랜 공산주의의 영향으로 열악한 교육 환경 속에 있는 다음 세대들에게 교육을 통한 북한선교는 여러 가지 면에서 중요한 사역이 되고 있다. 교육을 통한 북한선교의 제한적인 사례는 다음과 같다. 2009년부터 평양에는 외국인 교수가 영어로 강의를 진행하는 사립대학이 존재한다. 한국과 미국 자본이 출자한 평양과학기술대학(Pyongyang University of Science and Technology)[26]은 경제, 금융,

영생학교가, 1903년에 영생여학교가 설립되었다. 성진에서는 보신학교와 보신여학교가 설립되었고, 원산에서는 보광학교가, 1903년에 루씨여학교가 설립되었다. 개성지역에서는 1906년 한영서원이, 1904년 호수돈여학교와 1906 미리암여학교가 설립되었다. 부산에서는 1892년 일신여학교가 설립되었으며, 마산에서는 1906년 창신학교와 1913년 의신여학교가 설립되었다. 이만열, 『한국기독교문화운동사』 (서울: 대한기독교출판사, 1987), 190-198.

24 민경배, 『한국 기독교회사』, 99.
25 정일웅, 『북한선교와 남북통일을 위한 섬김의 신학』, 106.
26 북한 정권이 들어선 이래 최초로 생긴 사립대학이다. 조선민주주의인민공화국이 생기기 전에는 평양 등 북한에도 일제강점기의 지식인들이 세운 사립 구제전문학교나 교육기관이 존재했었으나, 모두 정부에서 강제로 빼앗고는 국립으로 전환 시켰다. 그 때문에 사립대학이 없었는데, 북한의 교육성(교육부)과 대한민국의 사단법인 '동북아 교육문화 협력 재단'이 공동으

경영, 신기술 분야에 정교한 지식을 갖추고, 수 개 국어 구사가 가능하고, 의사결정 경험이 풍부한 현대적 지도자를 양성하는 것을 목적으로 한다. 이것은 미래의 북한으로 향하는 창문이다.[27]

서구대학의 기본 이념은 진리의 탐구이다. 라틴어 '베리타스'(Veritas)는 본질적으로 '진리'라는 뜻으로 하나님에 관한 진리를 가리킨다. 역사적으로 기독교는 인류 역사의 획을 그을 정도로 교육에 공헌하였다. 교육을 통한 북한선교는 선교활동의 한 방편으로서 선교지인 북한에다 교육기관들을 설립함으로써 복음도 전하고 근대화에도 공헌할 수 있을 것이다.

로 투자하여 이 대학을 설립했다. 계획안이 2001년부터 잡혀 본래는 2003년 개교할 예정이었으나 여러 문제로 2010년에서야 첫 입학생을 받았다. 한국 개신교 계통에서도 투자에 참여했는데 넓은 의미의 한국으로 재미교포 복음주의 계열, 특히 캐나다 토론토에 위치한 본 한인교회(Vaughan Community Church, 담임목사 고영민)에서 많이 투자했으며 이 교회에서는 매년 초청 교수직으로 교인들 가운데 전직 혹은 현직 대학교수들이 평양과기대를 방문한다. 또한 영어로만 수업하며 놀랍게도 미국인이 영어 수업으로 진행한다. 이사회는 4명의 설립위원회 의장을 두는데 연변과학기술대학의 총장인 김진경(James Chin-Kyung Kim)과 라이스 대학교의 총장이었던 미국인 맬컴 길리스(Malcolm Gillis), 포스텍 전 총장이었던 박찬모, 고려대 전 총장이었던 김정배 등으로 구성되어 있으며, 총장은 김진경 박사이다. 2017년에 전유택 박사가 제2대 총장으로 취임했다. 현재 목표는 학부생 2,000명 수준에 대학원생 600명 수준이다. 현재 설립된 전공은 정보통신공학부, 농업 생명공학부, 금융 경영학부이다.

27 쥘리에트 모리요 & 도리앙 말로비크, 『100가지 질문으로 본 북한』, 283.

3. NGO 활용을 통한 한인 디아스포라 선교

역시 한국교회의 도움으로 북한 지역마다 농업기술 전수, 의료 봉사활동, 과학기술 봉사활동을 전개하여 북한 지역 주민들의 삶의 개선에 도움을 주는 구체적인 봉사활동들을 전개해야 한다. 이 일에 기독교 NGO 활용을 통한 북한선교는 지금까지 수많은 북한 돕기에 앞장서서 노력하고 있다.[28]

NGO 활용을 통한 북한선교는 그 사례로 인도주의의 원칙과 동포애를 가지고 북한 아동과 공동체의 회복을 위해 기아 대책의 북한 사업을 사례로 들 수 있다.[29] 첫째, 통일 세대가 될 아동을 위한 아동 개발 사업이다(식량 지원, 연간 수혜 인원 10만여 명, 고아원, 아동병원 방한용품 지원, 식량 자급자족을 위한 온실구축용 비닐 지원, 구충제 및 원료 의약품 지원, 산부인과 운영지원). 둘째, 북한 지역개발사업이다(유실수, 종자, 비료 지원, 온실 자재 지원, 양계장 건축, 가축 전염병 방역 지원). 셋째, 통일 준비사업이다(대북협력민간단체협의회 이사단체, 국제기아대책(FH) 회원국들과 대북사업 협력, 통일인식 확산을 위한 교육 및 옹호 활동). 마지막으로 넷째, 긴급구호사업이다(현장 긴급 지원, 주사기, 식량 등 전염병 대응 지원, 방역 키트).

한국교회는 이러한 NGO를 도와 그들로 하여 북한 지역의 주민을 돕게 하고 봉사활동을 적극적으로 전개하도록 지원해야 할 것

---

28 정일웅,『북한선교와 남북통일을 위한 섬김의 신학』, 164-165.
29 기아대책, "북한 사업", https://www.kfhi.or.kr/business/north, (접속 2022.11.23.).

이다.[30]

4. 북한이탈주민 마음 치유를 통한 한인 디아스포라 선교

같은 한반도에 살고 있지만 북한은 역설적으로도 남한이 가장 접근하기 힘든 나라 중의 하나다. 현재 북한이탈주민은 남한과는 현저하게 다른 문화 속에 살고 있다.[31] 북한탈출 이후 북한이탈주민들은 심리적인 여러 징후와 공허감, 공포감, 배신감 등으로 상처받은 감정이 그들의 회심의 커다란 장애물이다.[32]

북한이탈주민 가운데 한 사람은 심리적인 여러 징후에 대하여 말하기를, "저는 김일성 부자를 숭배했는데 그 정부는 저를 배신했습니다. 저는 지금 아무것도 믿어지지 않으며, 그들이 저를 배신한 이래 계속 공포감을 경험하고 있습니다. 저는 처음에 기독교 교회에 관해 아무것도 몰랐지만, 지금은 교회에서 저를 도와주기 때문에 살고 있다"라고 하였다.[33]

백석대학교 북한선교와 통일심리학 교수 임헌만은 북한이탈주민들의 세계관을 바꾸기 전에 "북한 주민의 한(恨), 불신, 죄책감, 기타 심리적인 충격을 해소하기 위해 마음 치유의 필요성이 요구된

---

30 정일웅, 『북한선교와 남북통일을 위한 섬김의 신학』, 165.
31 임헌만, 『마음 치유를 통한 북한선교』 (고양: 도서출판 두날개, 2012), 27.
32 임헌만, 『마음 치유를 통한 북한선교』, 289.
33 임헌만, 『마음 치유를 통한 북한선교』, 289.

다"라고 하였다.[34] 따라서 북한이탈주민의 마음 치유를 통한 북한 선교는 그들을 돕고 세계관을 변화시키고 교육하고 지도자로 훈련 하여 통일 이후에 북한 동포들에게 복음을 전하는 일에 앞장설 수 있을 것이다.

5. 중국을 통한 한인 디아스포라 선교

중국을 통한 북한선교는 중국에 나와 있는 탈북자를 전도하여 북한에 다시 보내거나 한국으로의 입국을 도와주는 방법이다. 개 교회나 선교단체들은 그동안 많은 어려움을 무릅쓰고 중국과 제3 국에서 북한선교를 하였다. 그들의 숨은 노력으로 많은 탈북자가 한국으로 왔으며, 그들 중 상당수는 그때 받은 영향력 때문에 기독 교에 대해 좋은 감정을 갖고 입국하게 되었다. 또 북한에서 탈북한 고아들을 신앙으로 양육시켜 통일 이후 북한 선교사로 쓰임 받도 록 준비하고 있으며, 북한에 성경을 보내기도 하고, 북한 지하교회 를 돕기도 한다.[35]

그러나 김정은 체제 등장 이후 국경 수비의 강화와 중국의 탈북 자 색출로 탈북자 수가 격감하여 종래와 같은 방법으로 선교하기 는 어렵게 되었다. 특히 중국 정부가 탈북자 문제에는 한국 및 미

---

34 임헌만, 『마음 치유를 통한 북한선교』, 336.
35 조요셉, 『북한선교의 마중물 탈북자』, 221.

국 국적의 선교사들이 많이 관여되어 있는 것을 알고 많은 선교사를 추방하였다. 북한은 외화벌이를 위해 북한 주민들에게 공식적으로 중국 여행증을 발급해주고 있어 많은 주민이 북한 접경 지역인 단동이나 연변에 나와 있다. 이제 중국에서의 사역도 탈북자가 아니라 중국에 나와 있는 북한 주민들에게 관심을 돌려야 할 것이다.[36] 또한 중국의 3자 교회도 많은 부흥이 일어나고 있고 중국 정부 당국의 감시도 줄어들고 있어, 중국교회 특히 조선족들이 많이 출석하는 교회를 통해 북한선교를 하면 좋을 것이다. 조선족들은 같은 사회주의를 경험했고, 북한 입국도 자유로워 우리가 하지 못하는 일들을 할 수 있을 것이다. 한국교회는 중국교회가 이러한 사역을 할 수 있도록 적극적인 지원이 필요할 것이다.[37]

6. 방송을 통한 한인 디아스포라 선교

정치적, 종교적 이유에 선교하기 어려운 지역에서는 복음 선교방송이 큰 역할을 담당한다. 오랫동안 방송 선교에 종사해 온 윌리암 미알(William Mial)은 선교 라디오를 통해 스리랑카에서 보낸 'Trans World Radio' 방송 결과 인도에 교회가 개척되었다고 한다. 그만큼 선교사가 들어가 활동하기 어려운 나라에서는 방송 선교가 효과적

---

36 조요셉, 『북한선교의 마중물 탈북자』, 221-222.
37 조요셉, 『북한선교의 마중물 탈북자』, 222.

이라는 것이다. 그런 관점에서 보면 북한도 방송을 통한 선교가 보다 효과적일 수 있다.[38] 방송은 상호 간의 의사소통을 할 수 없다는 단점이 있으나 사람이 갈 수 없는 곳에 간다는 장점이 있다. 탈북자 중에는 북한에서 극동방송을 듣고 남한으로 온 사람도 있다. 이처럼 기독교 복음 방송은 우리가 갈 수 없고, 또 성경책의 반입이 불가능한 북한에 큰 선교 역할을 담당하고 있다.[39]

● ● ●

결론적으로, 한인 디아스포라를 향한 선교에 대하여 살펴보았다. 원하든 원치 않든 간에 평화통일을 위한 우리에게 남아 있는 과제는 구체적인 영역별 혹은 지역별로 북한선교전략이 필요하다. 한반도를 둘러싼 국제정세에 한국교회는 평화통일을 위한 전교회와 교단을 아우르는 북한선교의 구체적인 마련과 준비가 되어있지 않으면 평화통일이 된다 해도 진화하는 이단 종교들에게 북한 동포들을 넘겨주는 우를 범하게 된다.[40]

본 장에서 한인 디아스포라 선교전략을 6가지로 언급했으나 최근 비즈니스 선교(Business As Mission, BAM)[41]를 통한 북한선교가 대두

---

38 조요셉, 『북한선교의 마중물 탈북자』, 222.
39 조요셉, 『북한선교의 마중물 탈북자』, 222-223.
40 조요셉, 『북한선교의 마중물 탈북자』, 224.
41 BAM은 비즈니스 그 자체로서의 선교를 지향하는 가운데 복음을 말과 글로

되고 있다. 북한은 국내에 자생적으로 존재하던 농민 시장이 1990년대 중반 고난의 행군을 기점으로 전국 곳곳의 대규모 민간시장으로 성장하는 가운데 북한 정부는 이미 무너져 버린 중앙중심의 배급시스템과 계획경제 요소들을 보완하기 위한 하나의 주요한 방편으로 시장 경제와의 공존을 선택하고 있다. 북한 정부에서 2002년 7월 1일에 발표한 경제관리 개선 조치는 기존의 통치체제 안에 '아래로부터의 시장화'를 공식제도로 일부 수용했다는 것에 사회주의 국가 안에 시장 경제 활동에 있어 큰 의미가 있다. 사회주의 국가들뿐만 아니라 북한은 최근 국내적으로 시장의 존재와 역할을 공식화시키고 기업들의 적극적인 기업 활동을 장려한 가운데 대외적으로는 제한된 지역에서나마 외국자본의 투자를 유치하고 기업 활동이 가능하도록 기회를 제공하고 있다. 바로 이 지점에서 비즈니스 선교의 기회가 된다.[42]

BAM의 비즈니스 그 자체로서 비즈니스가 단순히 교회 개척, 제자 양육 등 선교를 위한 도구로 머무는 것이 아니라 비즈니스 그 자체가 이미 선교의 현장임을 인정하는 가운데 비즈니스 과정 그 자체를 통해 선교의 열매를 창출하는 것으로서 향후 한국교회는 최근 사회와 경제 차원의 크나큰 변화를 겪어 온 북한과 현지 주민

전할 수 없는 창의적 접근지역에서 유용하게 사용되고 있는 주요한 선교 방법론이다. 로잔 운동은 1974년 제1차 로잔대회를 시작으로 꾸준히 총체적 선교의 개념을 발전시켜왔다.

42 이찬욱 "사회주의 국가 Business As Mission 기업들의 정착 성공 요인 연구: 북한선교와의 연계를 고려하여", (숭실대학교 대학원 박사학위 논문, 2022), 1-2.

들을 염두 해 평화통일 한국을 위한 BAM 선교를 구상할 때 사회주의 국가에서 활동해 온 기업 사례들을 적극적으로 참고해야 할 것이다.[43] 더 나아가 북한에 교회를 세우는 것만을 위한 목표가 아닌 북한을 재건할 각 분야에서 기독교 평화통일 지도자를 양성할 필요가 있다. 무엇보다 남한이 통일을 반대하는 이유 중 하나가 북한과 통일하게 되면 함께 경제적으로 어려움을 겪는다는 두려움 때문이다. 마태복음 22장 39절에서 예수님은 "네 이웃을 내 몸 같이 사랑하라"라고 말씀하신 것처럼 북한 동포를 외면하는 것은 기독교의 평화 신학, 혹은 평화통일 정신이라고 할 수 없다. 한국 사회와 한국교회는 평화통일에 대한 인식의 전환이 이루어져야 하며, 먼저는 한국교회가 변화되어야 할 것이다.

---

43 이찬욱 "사회주의 국가 Business As Mission 기업들의 정착 성공 요인 연구: 북한선교와의 연계를 고려하여", 222.

10

평화선교를 위한
이론과 그 실행

MZ세대의 부상으로 오늘날 한국 사회에서 통일의 담론은 그 당위성을 점차 잃어가는 상황이다. 안타까운 것은 더 이상 통일이 더이상 반드시 이뤄져야 하는 과제로 여기지 않기 때문이다. 2020년 통일연구원에 따르면, 한국 사회에서 통일에 대한 선호도는 계속해서 줄어들고 있는 반면에 평화 공존에 대한 선호도는 꾸준히 증가하고 있다.[1] 이러한 평화의 현상은 세대별로 비교해보면 더욱 명확하게 드러난다. 나이 많은 세대에 비해 젊은 세대로 갈수록 남북통일보다 평화 공존을 선호하는 비율이 확연히 높다고 하겠다. 통일에 대한 사람들의 의식이 변하고 있다고 해도 더 이상 통일이 필요 없다고 하는 것은 온당하지 않다. 남북한 모두에게 통일은 헌법차원에서 강조되는 주제였다. 실제로 남한과 북한의 양쪽 헌법[2] 모두 통일을 반드시 이루어야 할 근본 과제라고 강조한다.[3]

이처럼 통일은 남북한 모두에게 부정할 수 없는 중요한 목표이지만 실상은 서로 통일을 말할수록 외려 통일이 더 멀어지고 있다. 남한이 말하는 통일과 북한이 말하는 통일은 근본적으로 상충할 수밖에 없다. 이러한 자기중심적 통일 의도를 서로 잘 알기에 남북

---

1 이상신 외 4인, 『KINU 통일의식조사 2020: 주변국 인식 비교연구』 (서울: 통일연구원, 2020), 45.

2 한국의 헌법 제4조에 "대한민국은 통일을 지향하며, 자유민주적 기본질서에 입각한 평화적 통일 정책을 수립하고 이를 추진한다"라고 되었다. 2019년 8월 29일 최고인민회의 제14기 제2차 회의에서 채택한 '조선민주주의인민공화국 사회주의헌법'의 서문을 보면, "김일성 동지와 김정일 동지께서는 나라의 통일을 민족 지상의 과업으로 내세우시고 그 실현을 위하여 온갖 로고와 심혈을 다 바치시였다"라고 묘사한다.

3 정종기 외 3인, 『남북 통합 목회의 물결』, 21-22.

한의 통일 논의는 한없이 늘어지는 무의미한 샅바 싸움이 될 뿐이다. 결국 통일에 대한 강한 열망이 서로에게 위협이 된다는 점이 현재의 통일 담론이 가진 가장 큰 역설이자 약점이다.[4]

석유라는 자원을 발견한 것이 인류의 삶을 결정적으로 바꾼 시작이 되었다고 한다면, 이제 '한인 디아스포라'라는 선교의 자원을 얻은 것은 세계선교에 한 획을 긋는 중요한 전환점이며, 시작이 될 것이다. 선교 140년의 역사 속에 750만 한인들을 전 세계 곳곳 흩어지게 하신 것은 하나님의 놀라운 계획임에 틀림이 없다. 그리스도께서 부활하시고 승천하신 후 복음이 전 세계적으로 확산되는 유대인-그리스도인 디아스포라가 중요한 역할을 감당했다고 한다면, 이제는 한인 디아스포라가 세계 복음화를 위한 강력한 복음의 징검다리가 될 수 있을 것이다. 이들은 세계 곳곳 현지에서 복음을 증거할 수 있는 여건을 갖추고 있으며 언어와 문화, 생활 구조 등에서도 이미 적응하여 일상으로 현지인들에게 복음을 전할 수 있는 것이다. 그러므로 한인 디아스포라인들을 기독교 선교를 위해 세우는 전략이야말로, 가장 효율적인 전략인 것이 분명하다.[5] 따라서 지구상에서 유일하게 분단국가로 남아 온갖 고통을 겪고 이 시대에 한반도의 염원이자 사명이라 할 수 있는 평화선교를 위한 이론과 그 실행에 대하여 살펴보고자 한다.

---

4 정종기 외 3인, 『남북 통합 목회의 물결』, 23.
5 김영택, "한인 디아스포라 선교운동과 사중복음", 114-115.

1. 한인 디아스포라 선교사: 북한이탈주민 목회자

현재 남한에서 교회를 개척한 북한이탈주민 목회자들에게 "이 시대에 북한이탈주민 목회자에게 하나님 앞에서 필요한 자세는 무엇인가"라는 질문에 응답자 대부분은 소명 의식이라고 말했다.[6] 남한에서 목사 안수를 받은 북한이탈주민 목회자의 수는 125명 정도로, 그들 중에 현재 담임 목회로 사역하는 목회자는 40명이다. 또한 북한 선교부가 있는 대형교회 몇 곳을 제외하고 일반교회에서 북한이탈주민 목회자를 사역자로 청빙을 꺼리는 등의 어려움 때문에 개척하는 경우가 많은 실정이다. 한국에서의 신학교는 북한이탈주민 목회자를 계속 배출하고 있고, 현재 북한이탈주민 신학생 수도 200명 가까이 된다. 하지만 이들을 청빙 하여 함께 사역하는 남한교회는 거의 없다. 그러나 이제는 북한이탈주민 목회자들을 위험 유발자에서 협력 작용자로 바라볼 수 있어야 한다.[7]

통일만이 북한선교의 길이라 말할 수 없지만 선교가 중요하기에 통일이 중요하지 않다는 생각은 할 수 없다. 하나님의 선교는 세상을 향한 평화의 메시지이며 그 위대한 평화를 위해 이 땅에 오신

---

6 안란희, "북한이탈주민들의 기독교 신앙과 목회 사역에 관한 연구: 1992-2014년을 중심으로", (감리교신학대학교 신학대학원 석사학위 논문, 2014), 39-41. 소명 의식을 가진 자는 예수님의 본을 따라 세상과 구별된 삶을 사는데 자신이 하나님의 일을 감당하기 위해서 헌신을 택한 것이 아니라 하나님이 하나님의 일로 부르심에 대한 반응과 순종의 의미로 헌신을 이해하고 있었다.
7 주성종, 『북녘 선교 연구 방법론』, 61-62.

분이 예수 그리스도이다. 선교는 하나님의 복음을 전하는 것이며, 그 복음의 핵심에는 하나님의 사랑과 화목이 자리 잡고 있다.[8] 그러므로 북한선교는 복음으로 인한 통일을 기대하는데 정치적이거나 사상적 통일이 아닌 하나님 안에서의 하나 됨이다. 통일은 결과 이전에 과정이기 때문에 어느 시점에 완성되는 것이 아니라 계속해서 이루어가야 하는 시대적인 사명과도 같은 것이다. 그러한 통일 과정에서는 북한이탈주민이 있고, 복음을 받아들인 성도가 있으며, 하나님의 부르심에 따라 헌신한 목회자들이 있다. 진정한 통일 과정은 용서와 평화의 사랑으로 지속되어야 하기에 북한이탈주민 목회자들을 연구하고 이해하는 것은 중요하겠다.[9]

북한이탈주민 목회자는 북한이탈주민 공동체가 복음으로 하나 되는 것을 중요시하므로 북한이탈주민 목회자가 차지하는 역할의 비중이 높다. 그들은 상호 인격적인 관계로 원활한 의사소통에 기초한 포용하는 공동체를 세워나가기를 원한다.[10]

안란희는 이를 위해 북한이탈주민 목회자에게 중요한 자질 세 가지를 다음과 같이 말한다. 첫째, 평화 영성과 삶으로 하나님과 사람을 동시에 사랑할 수 있는 균형감이 중요하다. 둘째, 남한교회 사역자와의 관계에서 이해하고 받아 주어야 할 부분이 아직 많이 있음을 인식해야 한다. 셋째, 남한교회의 지나친 물질주의적 신

---

8 주성종, 『북녘 선교 연구 방법론』, 62.
9 주성종, 『북녘 선교 연구 방법론』, 62.
10 안란희, "북한이탈주민들의 기독교 신앙과 목회 사역에 관한 연구: 1992-2014년을 중심으로", 42.

앙관으로부터 받는 좋지 않은 영향을 주의해야 한다.[11] 북한이탈
주민들이 출석하는 교회 형태는 주로 북한이탈주민으로 구성된 교
회로서 남한과 북한의 성도가 함께하는 교회, 남한교회를 출석하
며 북한이탈주민 부서에서 신앙 생활하는 자들도 있다. 보편적으
로 북한이탈주민 목회자가 세운 교회에 남한 성도보다 북한이탈주
민 성도가 더 많은 것으로 여전히 같은 고향 사람들끼리 모이는 것
이 편하다는 것을 보여 준다.[12]

　한인 디아스포라 선교사역의 가장 핵심적인 전략은 한인 디아스
포라들을 디아스포라 되어 있는 나라와 민족과 문화 가운데 선교
사로 세우자는 것이다. 이스라엘 민족의 디아스포라를 통해서 예
수 그리스도의 초림을 위해 준비되었다고 한다면, 이제 한민족이
그리스도의 재림을 위해 사용될 것이라는 비전과 믿음이 바로 한
인 디아스포라의 정신이다. 신적 경륜 가운데 역사의 어느 시점에
서 한민족이 흩어졌다면, 이제는 세계선교라는 사명 앞에서 한민
족이 연합하여, 전 세계 복음화를 위해 사용될 것이라는 비전이 한
인 디아스포라 선교운동의 비전인 것이다.[13]

---

11 안란희, "북한이탈주민들의 기독교 신앙과 목회 사역에 관한 연구: 1992-
　　2014년을 중심으로", 44-51.
12 주성종, 『북녘 선교 연구 방법론』, 63.
13 김영택, "한인 디아스포라 선교운동과 사중복음", 114.

2. 한인 디아스포라 선교적 교회: 북한이탈주민 교회

북한이탈주민 교회의 정의는 담임 목회자가 북한 출신이거나 남한 출신 목회자가 국내 북한이탈주민을 주요 목표로 하여 개척된 교회 혹은 성도 구성원 대부분이 북한이탈주민 교회를 통칭한다. 2022년 5월 말 전국적으로 대략 82개의 북한이탈주민 교회가 설립되었다. 2000년 이전에 2개, 2000년대 18개, 2010년대 51개, 2020년대 들어서는 11개가 시작되었다. 1999년 정부 부처 내에서 세워진 특수한 교회(대성공사 평화교회, 하나원 하나교회)를 제외한 실제적인 북한이탈주민 교회는 2004년 북한 출신 목회자에 의해서 4개, 남한 출신 목회자에 의해서 2개가 시작되었다. 현재까지 북한 출신 목회자를 통해 50개, 남한 출신 목회자를 통해 31개, 중국 출신 목회자를 통해서 1개가 생겨났다. 현재 북한이탈주민 교회는 전체 82개의 교회 중 14개가 사라지고, 68개의 북한이탈주민 교회가 경기도 연천에서 제주도까지 남한 땅 전역에 자리 잡고 있다.[14]

북한이탈주민 교회의 특징은 일반적으로 교회 사역과 함께 북한이탈주민 정착지원을 위한 NGO 사역, 북한선교 동원을 위한 선교회 사역, 그룹 홈, 대안학교 혹은 방과 후 학교, 북한 내지 사역, 구출 사역, 해외 양육 사역 등을 병행하고 있다. 무엇보다 북한이

---

14 정형신, "남북통합목회의 기초자료-탈북민교회의 현황", 『총신대학교 평화통일연구소 2022년 전반기 국내학술대회』 (서울: 총신대학교 평화통일연구소, 2022), 3

탈주민 교회의 주요 모토 중 하나는 북한에 세워질 교회의 마중물이 되는 것이다. 대부분 교회가 북한선교뿐만 아니라 민족 복음화와 복음 통일, 그리고 열방 선교를 목회 비전으로 삼고 있다. 그리고 북한 어느 지역에 어떤 형태의 교회를 세울지에 대한 구체적인 계획을 가지고 있다.[15] 결과적으로 쉽지 않은 환경에서도 북한이탈주민 교회가 계속해서 개척되고 있다. 북한이탈주민 목회자들이 자비량 사역을 감수하면서도 묵묵하게 자리를 지키는 근거는 그들의 소명에 있다. 북한이탈주민 목회자들은 남한에서, 북한 사람들과 함께 남북이 하나 되는 특별한 공동체를 이룬다. 그리고 동시에 북한 땅에 세워질 십자가를 보는 사람들이다. 하나님이 우리를 한 민족을 통해 세계 복음화를 바라보고 계시듯이 북한이탈주민들은 통일 그 이후를 본다는 데 있다.[16]

이에 대하여 총신대학교 북한 선교학 교수 하광민은 북한이탈주민을 매개로 하는 북한선교에 대하여 말하기를, "90년대 중반부터 발생한 북한이탈주민들은 한국 사회로 인하여 북한에 대해 실제적인 접촉을 할 수 있는 계기를 마련해 주었다. 한국교회 역시 기존의 간접적 추상적 북한선교방식에서 벗어서 사람 중심의 실제적이고 미래적인 선교적 준비를 할 수 있게 하였다. 북한선교의 많은 영역에서 북한이탈주민들은 다양하게 활동하였고 한국교회는 이들이 통일을 준비하고 북한선교의 중추적 역할인 미래에 디딤돌의 역할

---

15 정형신, "남북통합목회의 기초자료-탈북민교회의 현황", 11.
16 정형신, "남북통합목회의 기초자료-탈북민교회의 현황", 11.

을 감당할 수 있을 것이라 보았다"라고 하였다.[17] 2024년은 북한이탈주민 교회 역사가 20년이 된다. 그동안 북한이탈주민 교회 개척은 초기 남한 출신의 목회자들에 의해 주도가 되었으나 2015년 상황이 역전되었고, 현재 설립된 북한이탈주민 교회 중 60%가 북한 출신 목회자들에 의해 개척되었다. 앞으로 이 비율은 점점 더 늘어갈 것이 예상되며, 전자는 늙어가고 있고, 후자는 젊어지고 있다.[18]

북한선교의 목적은 북한 땅에 교회가 설립되는 것이다. 북한선교의 핵심은 북한 사람을 만나는 것이다. 하나님은 수만 명의 북한 사람들을 남한 땅에 보내주셨다. 북한이탈주민 교회는 이들을 보듬고 만나는 가장 좋은 장소임에 틀림이 없다. 그 중심에 북한이탈주민 목회자들과 북한이탈주민 교회들이 있어 이들과 마음을 같이할 수 있는 몇 가지 방법들에 대해서 알아보면 다음과 같다.[19]

첫째, 북한이탈주민 목회자 가정을 살려야 한다. 아직도 북한이탈주민 교회는 북한이탈주민 성도가 교회의 형편을 분담하는 구조가 아니라 담임 목회자 가정이 교회 운영 대부분을 책임진다. 북한이탈주민 목회자의 가정을 섬기는 일은 북한선교와 통일 준비를 위한 선교 운동으로 확산해야 한다.

둘째, 북한이탈주민 목회자와 북한이탈주민 교회를 선교의 범주에서 보아야 한다. 지금까지 북한이탈주민 교회는 국내 특수목회

---

17 하광민, "북한이탈주민을 매개로 하는 북한선교 구도의 변화", 「복음과 선교」48(2019), 359.
18 정형신, "남북통합목회의 기초자료-탈북민교회의 현황", 11.
19 정형신, "남북통합목회의 기초자료-탈북민교회의 현황", 17-20.

의 한 영역으로 이해하였다. 그래서 대부분의 북한이탈주민 교회
는 미자립교회로 구분되었다. 북한이탈주민 교회 사역이 국내 개
척교회의 범주에서 이해했기 때문에 북한 땅에 교회를 세운다고
하는 북한선교의 영역까지 잘 연결되지 않았다. 타문화 관점에서
선교를 전제로 한 북한이탈주민 사역은 대표적인 타문화 사역이
다. 북한과 남한과 일정 부분 같은 언어와 역사를 공유하지만 사상
과 세계관은 전혀 다르다. 선교지 주민들이 모여 있는 선교지 교회
가 바로 북한이탈주민 교회이다. 이미 몇몇 교단에서는 북한이탈
주민 사역자들을 교단 선교사로 임명하고 북한이탈주민 목회 현장
으로 파송하였다. 북한 땅에 세워질 교회를 생각하며 일시적으로
남한 땅에 세워진 교회가 북한이탈주민 교회이다.

셋째, 북한이탈주민 교회는 북한선교의 현장을 제공하는 곳이
다. 한국교회의 북한선교는 상당히 위축되어 있다. 북한선교는 북
한 사람을 만나는 것인데, 북한 사람을 만날 기회가 극히 제한되어
있다. 결국 통일 준비는 사람을 준비하는 것이다. 그동안 한국교
회는 북한이탈주민 목회자들을 남한 목회자로 전환하는 것에 힘써
왔다. 북한이탈주민 성도들을 남한 성도로 전환하는데 열심을 내
었다. 남북한은 토양이 전혀 다른 곳이다. 전혀 다른 토양에서 전
혀 다른 사람들이 모여 창조적인 목회가 진행되는 곳이 바로 북한
이탈주민 교회이다. 북한이탈주민 교회는 북한 사람들의 기질이
이해되고 전혀 새로운 형태의 공동체가 형성되는 과정으로, 북한

출신 목회자들의 리더십을 경험할 수 있는 곳이다. 이러한 역동적인 선교 훈련의 장인 북한이탈주민 교회들이 계속해서 설립되어야 한다.

넷째, 북한이탈주민 교회는 교회 개척 운동의 시작이다. 교회는 교회를 낳는다. 북한이탈주민 교회의 모태는 남한교회 안에 있는 북한이탈주민 공동체이다. 그 안에서 북한이탈주민 신학생들과 북한이탈주민 성도들이 훈련받고 힘을 얻어 오늘날의 북한이탈주민 교회가 시작되었다. 그런데 여전히 대부분의 남한교회는 독립된 북한이탈주민 교회보다는 기존 교회 안에서 북한이탈주민 성도들을 관리하는 데 집중한다. 이제는 파송 계획에 과정을 통해 한국교회는 북한이탈주민 성도들이 주도적인 역할을 할 수 있도록 스스로 본인들의 소속감으로 교회가 세워갈 수 있도록 격려해야 한다. 한국교회는 북한이탈주민 교회를 세우는 건강한 고민이 시작될 것이다.

다섯째, 북한이탈주민 교회와 함께 파트너십을 만들어야 한다. 한국교회는 북한선교가 아니라 북한이탈주민과 함께 통일을 준비해야 한다. 현장에서 북한이탈주민들을 만나는 북한이탈주민 교회 목회자들을 찾아야 한다. 북한이탈주민 교회와 결연으로 서로의 필요를 채워 함께 통일의 열매를 기대해야 한다. 북한이탈주민 교회는 한국교회 북한선교의 분명한 열매이다. 저 멀리 북한 땅만 바라보지 말고 우리 곁에 와 있는 3만여 명의 북한이탈주민들과 남북의 하나 됨을 이뤄가야 한다.[20] 따라서 북한이탈주민들을 잘 준비시킴으로써 준비된 평화통일을 이루어가야 할 것이다.

3. 선교적 통합에 대한 이해

1) 통합의 이해

통합(integration)과 통일(unification)은 모두 사전적으로 나누어진 것들을 하나로 합친다는 의미이다. 통합은 통일보다 용례가 다양하며 특히 심리학적 맥락에서는 여러 요소가 유기적으로 조직되어 하나를 이룰 때 사용된다. 통일이 원래 하나였다가 나누어진 요소를 다시 합치는 것을 강조한다면, 통합은 서로 이질적이고 다양한 요소들이 조화로운 하나의 구성체를 이루는 측면을 중요시한다. 이런 맥락에서 통합은 "둘 이상의 행위자가 더 큰 우리를 형성해 나가는 과정이나, 또는 그 최종 결과로서 큰 우리를 형성한 상태"로 정의하기도 한다.[21]

여기에서 물질적 배제를 지양하고, 갈등과 해체를 지양하며, 문화적 이질성을 최소화하여 상호작용과 유대감을 증대시키는 사회적 통합을 포함하며, 서로 다른 행위자가 서로를 분리된 존재가 아

---

20 하광민, "북한이탈주민을 매개로 하는 북한선교 구도의 변화", 378.
21 김학노, "서로 주체적 통합의 개념", 「한국과 국제정치」 27(2011), 36.

닌 연결된 존재로 의식하는 강도가 커질수록 통합의 정도가 강화된 것으로 이해된다.[22] 한 예로, 통합은 인도네시아의 경우 국가 문장인 가루다를 통해 이해할 수 있다. 인도네시아는 700 종족으로 이루어져 있고, 586개 언어를 사용한다. 이런 문화의 다양성 가운데 이질성을 최소화하려고 상호작용과 유대감을 증대시키는 사회통합을 이루기 위해 국가 문장에 구호를 넣었다. 독수리 두 발로 잡은 것은 자바 언어로 된 것으로 "BHINEKA TUNGGAL IKA"(비네까 뚱갈 이까)로 '다양성 속의 통일'이란 뜻이다. 이것은 다양성을 인정하고 다민족, 다인종, 다종교 인도네시아를 하나로 통일하려는 인도네시아의 전략을 엿볼 수 있다. 북한선교 역시 이질적이고 서로 다른 남북한을 조화롭게 하나로 만들어가기 위해서는 통합을 사용한다. 여기서 서로 다른 문화가 섞이면 서로 같은 교집합이 돌출하게 되고, 이렇게 형성된 문화는 통합의 열매가 될 것이다.[23]

한국 사회에서 통일을 가장 지속성 있게 강조하는 집단은 교회이다. 통일이라는 가치가 워낙 부각이 되어 있어 통합의 논의는 다소 힘들었을 것이다. 통일보다 통합을 먼저 강조하는 시도가 자칫 통일 노력에 찬물을 끼얹는 작업으로 오해될 수 있기 때문이다. 하지만 시기적으로 통일의 이전과 이후를 관통하며 통일을 통해 이루려는 핵심 목표라는 점에서 통합 혹은 사회통합의 주제는 한국

---

22 정종기 외 3인, 『남북통합목회의 물결』, 31.
23 정종기, "남북통합목회의 역사와 내용", 『총신대학교 평화통일연구소 2022년 전반기 국내학술대회』(서울: 총신대학교 평화통일연구소, 2022), 29.

교회의 핵심 의제가 되어야 한다. 통합에 대한 관점은 한국교회의 현 상태를 성찰적으로 돌아보고, 향후 나아가고 집중해야 할 목표를 근본적으로 성찰하게 하는 개념적 도구가 될 수 있다.[24]

2) 남북 통합의 이해

통합에 남북이 더해지면 한반도 상황에서의 통합을 의미한다. 궁극적으로 남북 통합은 지리적으로 남한과 북한이 통합된다는 의미도 있고, 북한 주민과 남한 주민이 통합된다는 의미도 되며, 남한에 정착한 북한이탈주민들과 남한 성도들의 통합, 그리고 교회로서는 남북한교회, 남한에 들어와 있는 북한이탈주민 교회와 한국교회, 북한이탈주민 목회자와 남한 목회자들의 통합을 의미하기도 한다.[25]

남한과 북한은 이미 70여 년 동안 서로 다른 체제를 구축한 채 분단 시대를 살아왔다. 한반도의 분단과 전쟁을 경험하지 않은 세대가 사회의 주류가 되었다. 공통의 역사 경험은 물론이고 한민족이라는 민족적 동질감마저 희미해지고 있다. 서로 전혀 다른 삶의 방식과 문화와 가치관을 지닌 채 살아왔다. 이처럼 다름은 상대방을 타자화한다. 남북한 간의 다름은 서로를 극단적으로 타자화하였다. 이런 상황 속에서 점차 북한을 타문화로 인식하고 접근해야 한

---

24 정종기 외 3인, 『남북통합목회의 물결』, 35.
25 정종기, "남북통합목회의 역사와 내용", 29.

다는 현실적인 관점이 선교학계에서 등장한다. 이 관점은 타당한 측면이 크다. 통일이라는 주제로 막연한 동질감과 하나 됨을 강조하기보다는 통합의 주제를 통하여 서로의 이질적인 부분을 인정하는 토대 위에서 통합을 향한 노력을 기울여야 하는 것이다. 다름에서 비롯되는 갈등의 요소들을 통합의 관점으로 다뤄가야 한다.[26]

남북한 사람 간의 통합의 출발점은 이미 한국에서 살아가는 3만 4천여 명의 북한이탈주민과 남한 사람이 서로 만나 조화롭게 하나의 시공간 속에서 더불어 살아가는 것에 있다. 북한이탈주민은 남한 사람을 만나기 이전에도 이미 각자 내적으로 통합의 문제를 놓고 씨름할 수밖에 없는 이들이다. 북한에서의 삶과 문화를 오랜 기간 체험한 이들이 남한의 자본주의적인 사회 속에서 살아남기 위해 지난 20여 년간 치열한 분투를 해왔다. 북한이탈주민 각자의 삶의 경험에 따른 강도의 차이는 있겠지만, 저마다 남북한 문화에 대한 나름의 통합의 과정이 존재한다. 한국교회는 이들의 내면적인 목소리에도 더욱 귀를 기울임으로써 그들의 내면적 통합 과정을 이해하고, 이를 바탕으로 남북한 사람들은 사회통합을 향해 계속해서 나아갈 수 있도록 부단히 노력해야 한다.[27]

결국 통합에서 중요한 것은 국가적 정책과 프로그램보다는 인격적인 만남이다. 북한이탈주민들의 내적인 씨름의 과정을 편안하게 공유할 수 있는 공간과 만남을 한국 사회와 한국교회가 제공할 수

---

26 정종기, "남북통합목회의 역사와 내용", 29.
27 정종기 외 3인, 『남북통합목회의 물결』, 36.

있어야 할 것이다. 장기적으로 남북한 사람 간의 통합에 있어서 북한이탈주민의 역할은 매우 크다. 이때 북한이탈주민과 남한 사람들의 가교역할을 할 수 있는 중요한 그룹이 바로 북한이탈주민 목회자이다. 남북한 통합에 있어서 두 문화를 모두 경험했기에 북한이탈주민의 역할이 클 뿐만 아니라 한국 사회 내에서는 북한이탈주민과 남한 주민 간의 통합에 북한이탈주민 목회자의 역할도 지대하다고 하겠다. 따라서 한국교회는 북한이탈주민과 어떤 방식으로 관계를 맺고 소통을 하는 것은 매우 중요한 요소가 될 것이다.[28]

3) 남북 통합목회의 이해

한반도 분단의 시대를 살아가는 한국교회의 새로운 목회적 초점은 남북 통합목회이다. 목회의 정의 가운데 문화적 이질성의 최소화 지양을 이룬다는 점에서 목회는 기본적으로 통합적 성격을 지닌다고 볼 수 있다. 왜냐하면 목회는 너무나 다른 출신과 성장배경을 가진 성도들을 대상으로 하여 주님의 몸 된 교회로 만들어가려는 행위이기 때문이다. 다시 정의해 보면 통합목회란 이질적인 두 집단 이상이 하나의 공통된 정신으로 연결되어 교회 내에서 함께 하나가 되어가는 목회를 말한다.[29]

남북 통합목회는 다음과 같은 특징을 가진다. 첫째, 성경적으로

---

28 정종기, "남북통합목회의 역사와 내용", 30-31.
29 정종기 외 3인, 『남북통합목회의 물결』, 42-43.

지지를 받는다. 통합목회에 관한 성경적 근거는 구약과 신약에서 수많은 예를 찾을 수 있다. 둘째, 신학적으로 건전하다. 즉 통합에 대한 신학적 정당성을 말한다. 셋째, 역사적으로 지속되어 온 목회이다. 남북 통합목회는 분단 이후 월남민들로부터 시작되어 그들의 명맥이 끊어진 90년대부터 북한이탈주민을 중심으로 다시금 이어져 온 목회이다. 넷째, 현재에 실행가능하고, 미래에 적용이 가능한 통일 한반도교회의 모델이다. 남북 통합목회는 분단 상황에서도 남한교회에서 실시가 가능한 모델이며, 향후 북한에 문이 열리는 다양한 방식에서도 적용이 가능한 모델이다. 다시 말해서 서로 다른 남과 북의 주민들이 복음으로 한 신앙공동체를 이루고 서로의 이념, 문화, 정서 등의 차이를 극복하고 용납해 가는 목회를 일컫는다.[30]

남북 통합목회는 현재의 한국교회뿐만 아니라 미래까지도 함께 아우른다. 현재 한국교회가 외면하고 있는 북한이탈주민들과 어떻게 교회를 세워가야 할 것이며, 나아가 미래에 북한이 개방되거나, 또는 통일되었을 때, 한국교회와 북한교회가 어떻게 연합하여 교회를 세워갈 것인지에 대한 고민도 담겨있다. 남북 통합목회가 통일 목회와 다른 것은 통일 목회는 한국교회에 초점이 있다면, 남북 통합목회는 서로에게 초점이 있다.[31] 이것은 통일과 통합의 의미의 차이에서 오는 관점이기 때문이다. 그래서 통일 목회는 한국

---

30 정종기 외 3인, 『남북통합목회의 물결』, 43.
31 정종기, "남북통합목회의 역사와 내용", 31.

교회가 주도권을 가지고 북한이탈주민과 통일 선교를 해야 한다는 의미라면, 통합목회는 서로 다른 것들을 인정하고 서로를 교회로 묶는다는 의미이다. 결국 남북 통합목회는 서로 다른 남한과 북한이 교회로 하나가 되게 하는 것이다.[32]

통합을 사회적으로 이루려고 하는 것이 남북사회통합이다. 남북사회통합을 이루는 것에 있어 법이나 제도의 통합은 나름대로 해결해 나갈 수 있으나, 남북 주민들의 세계관과 서로 다른 문화를 하나로 통합해 나가기는 쉽지 않을 것이다. 그중에 독일의 예를 들면 통일이 된 지 30여 년이 되지만 여전히 동독 주민들은 2등 국민이라는 의식을 지니고 있다. 통일은 되었으나 통합은 이루지 못한 것이라 볼 수 있다. 이런 갈등이 사회 속에 지속해서 남아있다면 이것을 해결할 수 있는 것은 영적인 신앙일 것이다. 즉 영적인 통합을 통해 남북의 모든 문제를 통합시켜 나갈 수 있게 하는 것이 바로 남북 통합목회이다. 이러한 통합의 문제를 교회의 관점으로 해결해 보고자 한다면, 한국교회의 미래는 남북 통합목회에 달려 있다고 할 수 있다.[33]

이러한 통합에 대해 구약성경에서는 통합목회의 모습이 두드러지지 않으나 구약성경에서 이질적 요소를 하나로 모으려는 목회적 행위를 통합목회로 보았다. 예를 들면, 가나안 땅에서 기브온 족속이 이스라엘과 함께 살아가게 된 사건, 다윗이 통일왕국을 세워나

---

32 정종기 외 3인, 『남북통합목회의 물결』, 43-44.
33 정종기, "남북통합목회의 역사와 내용", 31.

가는 측면이다. 신약성경에서는 예수님의 공생애 가운데 이방인을 품는 모습과 선교적 지상명령에서 찾고, 특히 초대교회에서 예루살렘교회에서 보여 준 헬라파 과부들의 문제를 직분자를 세워 해결하려는 모습에서 찾고, 특히 안디옥교회의 다양한 인종의 구성원들이 모여 선교적 교회로 만든 것을 예로 들었다.[34]

특히 예수님의 선교적 지상명령이 목회적 관점에서 통합을 이야기하는 백미라고 볼 수 있다. 너희는 가서 모든 족속으로 제자 삼으라는 것과 예루살렘과 온 유대와 사마리아와 땅끝까지 내 증인이 되라(마 28:19-20, 행 1:8)는 말씀은 그리스도를 목자장으로 하여 목자가 된 성도들이 열방 모두를 양으로 삼아 제자화 하라는 것은 통합목회가 아니면 할 수 없는 일이기 때문이다.[35]

4. 선교적 공동체 사례: 새희망나루교회 중심으로

극히 제한적이지만 남북 통합목회 사례로 새희망나루교회(마요한 담임목사)는 8년 동안 대형교회에서 통일 선교 공동체를 세우고 목회한 경험이 있었지만 개척한 교회로 교회 내 부서와는 달리 규모는 작아도 하나의 교회이다. 이 교회는 교회 안에 여러 가지 어려움이 있음에도 복음 안에서 남과 북의 지체들이 하나가 될 수 있다는 확

---

34 정종기 외 3인, 『남북통합목회의 물결』, 45-54.
35 정종기, "남북통합목회의 역사와 내용", 32.

신과 비전이 있다. 처음부터 일관되게 강조했던 것은 그리스도 안에서 우리는 한 가족이라는 점이다. 부유한 자나 빈곤한 자나, 종이나 주인이나 함께했던 초대교회의 모습처럼 그들은 신분의 차이를 뛰어넘어 그리스도 안에서 새로운 가족이 되어 서로의 아픔과 기쁨은 물론 모든 것에 함께 나누었다. 교회가 시작되면서 처음부터 추구했던 것은 북한이탈주민의 숫자에 연연하지 않았다. 머릿수가 중요한 것이 아닌 그들의 질적 변화가 중요하기에 북한이탈주민일수록 한 사람 한 사람 영적 변화를 이루어 그들을 본보기로 삼아 교회의 주축을 이루게 하였다. 새로 교회에 오게 되는 북한이탈주민 성도들이 같은 북한이탈주민들의 신앙의 모습에 더 큰 영향을 받아 영적 동화가 빨리 일어났다.

새희망나루교회는 북한이탈주민들을 특별하게 취급하지 않는다. 만일 도와야 할 일이 있으면 북한이탈주민이라서가 아니라 믿음 안에서 한 가족이고 도움이 필요하기 때문이다. 그것은 남한 출신 성도들에게도 동일하게 적용되었다. 교회 수련회 회비를 낼 때도 남한 성도와 북한 성도 지체들은 교회가 책정한 대로 똑같이 부담하였다. 해외 아웃리치 경우, 같이 비용이 많이 소요되는 사역들도 마찬가지다. 특히 매해 한 번씩 해외 아웃리치 사역을 진행할 때 보통 10-15명 정도의 인원이 참여해 왔는데 매번 70% 이상은 항상 북한이탈주민 성도들이었다.

새희망나루교회의 통일 목회 사례는 남한 지체들에 대한 과도한 기대가 깨뜨려졌다. 한국교회가 그리스도 안에서 남북이 궁극적으로 하나를 이루는 사명을 감당하기 위해서는 북한이탈주민, 또는 북한 사람들만 바뀌면 된다는 생각은 잘못된 것이며, 남한 사람들도 함께 준비되어야 한다는 것이다. 결과적으로 한국교회가 감당해야 할 복음 통일의 사명은 남과 북의 지체들이 그리스도 안에서 함께 준비해 갈 때 하나님께서 주시는 선물이다.[36] 따라서 북한 선교를 위한 남북 통합목회 사례는 우리 민족이 하나라는 것을 실증하는 선교 프로그램이다. 이러한 사례는 통일 이후에 복음 안에서 남북한이 동질성을 갖게 함으로써 남북한 지역의 사회적 문화적 통합에 크게 기여뿐만 아니라 영적 통합을 이룸으로써 통일 선교에 이바지할 것이다.[37] 복음에 빚반자, 한국교회는 먼 통일을 준비하는 마음으로 남북 통합목회 사역에 임해야 할 것이다.

● ● ●

결론적으로, 평화선교를 위한 이론과 그 실행에 대하여 살펴보았다. 동반자라 할 수 있는 남북 통합목회는 한국교회 내 북한이탈주민 부서가 아니라 첫째는 함께 예배하는 공동체, 둘째는 수평적 환대하는 공동체, 셋째는 연결하는 공동체, 넷째는 북한이탈주민

---

36 정종기 외 3인, 『남북통합목회의 물결』, 175-179.
37 조귀삼, 『현대사회의 다문화 선교』, 330.

의 리더십을 세우는 공동체이다. 남북 통합목회의 현장은 남한 성도와 북한이탈주민 성도가 수평적 만남을 가지며, 하나님의 환대를 향하여 함께 동행하며 나아가는 공동체가 되어야 할 것이다. 북한이탈주민 사역이 교회 사역의 한 특수한 부분으로 제한되는 것이 아니라 전체 교회의 사역을 선교적인 소중한 현장으로 인식되어야 한다. 북한이탈주민 사역을 위해 한국교회는 남한 성도뿐만 아니라 교회 전체성도 가운데 다양성을 인정하는 공존과 평화, 비차별적 태도가 배양되고, 이를 위해 장기적 교육과 접촉의 공간이 제공되어야 한다.[38]

따라서 남북 통합목회를 지향하는 교회는 내부적으로 따뜻하고 포용적 문화를 만들어 나가야 한다. 그리고 남과 북의 두 문화가 대립하기보다는 서로의 장점을 살리고, 서로의 에너지가 선교적 문화로 분출되도록 해야 한다. 또한 남북통일 목회 사역을 제대로 이해하고 수행하는 사역자를 계속해서 세워야 한다. 더 나아가, 남북 통합목회를 지향하는 교회는 외부적으로 향후 북한에 교회를 세우기 위해서는 각 교단이 북한교회를 세울 목회자들을 양성해야 한다. 특히 신학교에서는 평화 통일 선교에 대한 전반적인 교육을 실시하고, 남북 통합목회의 가치를 함께 가르칠 수 있는 교과과정을 마련하며, 교단 내 미래 북한교회 사역자 양성을 위한 정책을 마련해야 할 것이다. 그리고 각 교단은 평화 통일 선교 정책이 마련되려면 교단 내에 평화 통일 선교 정책을 하나로 모으는 기구적

---

38 정종기 외 3인, 『남북통합목회의 물결』, 214.

준비가 필요하다. 교단 총회 본부와 선교본부, 그리고 신학교가 함께 연합하여 각 교단의 북한을 위한 선교정책과 선교적 교회 세우기 정책을 일원화해야 한다. 이처럼 교단별 정책이 마련된 후에는 교단 간의 연합이 필수적이다.[39]

  지난 70여 년간 한편으로 허리가 휘도록 땀 흘려 일하며, 경제발전을 이루었고, 다른 한편으로는 고통스럽게 민주화를 이루어내었고, 그 선물을 잘 가꿔왔다.[40] 그러므로 남북 통합목회와 선교를 통해 주실 새로운 미래라는 하나님의 선물은 그 배후에 자리한 신앙의 벗들인 북한이탈주민과 북한이탈주민 교회, 같은 하늘 아래서의 긴 밤을 보내고 있을 벗들인 북한 동포들에 대한 우리의 염려와 기도, 그리고 사랑의 마음, 이를 위한 하나님께 대한 순종일 것이다.[41]

---

39 정종기 외 3인, 『남북통합목회의 물결』, 218-219.
40 박정수, 『성서로 본 통일신학』, 202.
41 정승우, 『새 시대의 바울』 (서울: 연세대학교 출판문화원, 2022), 406.

BIBLIOGRAPHY
참고문헌

강디모데. 『언어의 꿈』. 서울: 예영B&P, 2013.

강병문. "남북 대화를 통한 선교적 진전". 「신학과 실천」 56(2017), 599-624.

강웅산. "통일을 향한 탈북민교회 세우기: 인천한나라은혜교회 사례를 중심으로". 「ACTS 신학저널」 46(2020), 151-186.

강석진. 『북한교회사』. 서울: 쿰란출판사, 2020.

경남대학교 북한대학원. 『북한문화, 둘이면서 하나인 문화』. 서울: 한울아카데미, 2006.

경남대학교 북한대학원. 『북한연구방법론』. 서울: 도서출판 한울, 2003.

기아대책. "북한 사업". https://www.kfhi.or.kr/business/north. (접속 2022.11.23.)

김병욱 · 김영희. "북한사회의 수령교와 타종교권 선교에 따른 북한 선교". 「사회과학연구」 18(2010), 90-125.

김성근. "개척교회와 탈북민목회자의 역할". 「탈북민목회자포럼」 (2018년 6월 18일).

김성호. "디트리히 본회퍼의 그리스도론적 평화설교". 「신학과 실천」 71(2020), 201-227.

김성철 외 9인. 『북한 이해의 길잡이』. 서울: 박영사, 2000.

김성호. 『디트리히 본회퍼의 타자를 위한 교회』. 서울: 동연, 2018.

김성호. "사랑의 공동체 '포기', '기도', '용서'". 「신학과 실천」 81(2022), 645-678.

김영동. "디아스포라 선교학 틀에서 본 한인 디아스포라 교회의 선교신학적 과제". 「장신논단」 49(2017), 337-364.

김영욱. 『복음주의 입장에서 본 북한선교』. 양평: 아신대학교 출판부, 2012.

김영한. 『개혁주의 평화통일신학』. 서울: 숭실대학교출판부, 2012.

김영호. "타문화권 선교로 접근해야 할 북한선교". 「선교신학」 38(2015), 75-112.

김재중. "미국, 17년째 인신매매국 지정된 북한에 대한 지원금지 재지정". 경향신문, 2019년 10월 20일.

김정형. 『탈냉전 시대 분단 한국을 위한 평화의 신학』. 서울: 나눔사, 2015.

김지은. 『한국교회 분단과 분열의 트라우마를 넘어서』. 서울: 홍림, 2022.

김진봉 외 38인. 『난민, 이주민, 탈북민에 대한 선교 책무』. 서울: 두란노,

2018.

김창수. 『멋진 통일운동 신나는 평화운동』. 서울: 책세상, 2000.

김학노. "서로 주체적 통합의 개념". 「한국과 국제정치」 27(2011), 29~61.

김현웅. 『북한 선교 전략』. 전주: 전주대학교 출판부, 2001.

고재길 외 7인. 『사회주의 체제 전환과 기독교』. 서울: 한울아카데미, 2012.

금성청년출판사. 『우리나라 지리와 풍습』. 평양: 평양종합인쇄공장, 1991.

남태욱. 『한반도 통일과 기독교 현실주의』. 서울: 나눔사, 2012.

다음백과. "전체주의". https://100.daum.net/encyclopedia/view b19j0766a. (2022.10.1. 접속).

동서방 기독교 문화연구회(배정훈, 우병훈, 조윤호, 공저). 『초대교회의 갈등과 치료』. 군포: 도서출판 다함, 2022.

문전섭. "성숙한 교회와 평화교육". 「교회교육」 142(1988).

모리요, 쥘리에트. & 말로비크, 도리앙. 『100가지 질문으로 본 북한』. 조동신 역. 서울: 세종서적, 2018.

민경배. 『한국 기독교회사』. 서울: 연세대학교 출판부, 1993.

박성범. "북한의 기독교 복음화 선교를 위한 한국교회의 역할과 방안 고찰". 「개혁논총」 19(2011), 281-303.

박성춘·이슬기. 『다문화 시대의 통일교육』. 서울: 집문당, 2016.

박승찬. 『중세의 재발견』. 서울: 도서출판 길, 2017.

박영규. 『남북경계선의 사회학』. 서울: 창비, 2012.

박우영. "평화교육의 장으로서의 신앙공동체에 관한 비판적 이해: 평화공동체로서의 교회와 실천 과제를 중심으로". 「신학과 실천」 79(2022), 669-692.

박정수. 『성서로 본 통일신학』. 서울: 한국성서학연구소, 2010.

박정수. 『신약의 윤리적 비전과 교회의 소명』. 서울: 감은사, 2021.

박정진. "평화통일과 북한선교". 「기독교사상」 46(2002).

박종화. "통일신학의 평화신학적 틀로의 발전적 전환". 「기독교사상」 399(1992), 26-36.

박충구. 『기독교윤리사 III』. 서울: 대한기독교서회, 2008.

변종현. "20대 통일의식과 대학 통일교육의 과제". 「통일정책연구」 21(2012), 157-186.

북한학과협의회. 『북한 정치의 이해』. 서울: 을유문화사, 2002.

세계교회협의회. 『정의로운 평화동행』. 기독교평화센터 역. 서울: 대한기독교서회, 2013.

손규태. "[불멸의 저자들] 디트리히 본회퍼". https://www.chosun.com/site/data/html_dir/2013/04/26/2013 042602546.html. (조선일보 2013.04.27.).

손규태. "평화를 위한 통일의 신학". 「기독교사상」 374(1990), 28-61.

손규태. 『한반도의 그리스도교 평화윤리』. 서울: 도서출판 동연, 2018.

손영규. 『코리아, 아직도 그대는 내 사랑!』. 서울: 예영커뮤니케이션, 2022.

송영섭. "디아스포라 관점에서 본 탈북민 이해와 선교의 의미". 「개혁논총」 37(2016), 131-158.

송원근. 『북한의 종교 지형 변화』. 서울: 청미디어, 2013.

신선민. "타문화 관점으로 접근하는 북한 선교". 총신대학교 선교대학원 석사학위논문, 2012.

심상진. 『불교도들의 참다운 삶』. 평양: 조선불교도연맹중앙위원회, 2001.

안란희. "북한이탈주민들의 기독교 신앙과 목회 사역에 관한 연구: 1992-2014년을 중심으로". 감리교신학대학교 신학대학원 석사학위논문, 2014.

양병희. 『북한 교회 어제와 오늘』. 서울: 국민일보, 2006.

연합뉴스. "김정일 사후 평양 러 정교회 성당서도 추도식". (2011년 12월 26일).

위형윤. "핵무기와 평화신학의 실천과제에 관한 연구". 「신학과 실천」 35(2013), 7-42.

윤상혁. 『사랑으로 길을 내다』. 서울: 두란노, 2021.

윤상혁. "CBS 새롭게 하소서". https://www.youtube.com/watch?v=dZJU9YbvU_U. (접속 2022.11.22.).

오일환. 『현대북한체제론』. 서울: 을유문화사, 2000.

오준섭. "하나님의 리콜운동 대표 전두승 목사, 왕의 종이다!". https://www.anewsa.com/detail. php?number=2553866. (아시아뉴스통신, 2022년 11월 1일 접속).

이기영. 『평화의 길 - 역사와 함께』. 서울: 도서출판 동연, 2018.

이만열. "분단 70년, 한국기독교의 성찰과 반성". 「한국기독교와 역사」 44(2016), 5-25.

이만열. "한국교회, 남북문제를 어떻게 볼 것인가?". 「제3회 한민족 열린포럼 발표문」(2005).

이만열. 『한국기독교문화운동사』. 서울: 대한기독교출판사, 1987.

이만열. 『한국기독교의료사』. 서울: 아카넷, 2003.

이미화 외 7인. 『외국인 노동자 선교와 신학』. 서울: 한들출판사, 2000.

이민형. "한국전쟁 70년, 한국 개신교 북한선교의 미래: 영화 <신이 보낸 사람>이 던지는 질문을 중심으로". 「신학과 실천」 68(2020), 645-674.

이상규. 『우리에게 평화를 주소서』. 서울: SFC출판부, 2011.

이상신 외 4인. 『KINU 통일의식조사 2020: 주변국 인식 비교연구』. 서울: 통일연구원, 2020.

이수환. 『21세기 선교와 종교현상학』. 파주: 한국학술정보, 2011.

이수환. 『진화하는 이단 종교』. 서울: CLC, 2019.

이지범. "북한불교의 역사". 불교닷컴 칼럼(2012.05.01.).

이찬석. "북한 선교를 위한 '주체사상'과 '유물론적 신학'의 대화". 「신학과 실천」 51(2016), 585-609.

이찬욱. "사회주의 국가 Business As Mission 기업들의 정착 성공 요인 연구: 북한선교와의 연계를 고려하여". 숭실대학교 대학원 박사학위논문, 2022.

이필영. "조선 후기 무당과 굿". 「정신문화연구」 16(1993), 3-39.

임성빈. 「통합적인 통일과 그리스도인의 과제」. 서울: 장로회신학대학교출판부, 1999.

임창호. "교회교육 현장에서의 통일교육 방향성". 「교회와 교육」 201(2013).

임헌만. 「마음 치유를 통한 북한 선교」. 서울: 도서출판 두날개, 2012.

임희모. 「한반도 평화와 통일 선교」. 서울: 다산글방, 2003.

유경동. 「남북한 통일과 기독교의 평화」. 서울: 도서출판 나눔사, 2012.

유석성. 「현대사회와 사회윤리」. 서울: 서울신학대학교 출판부, 1997.

윤여상 외 2인. 「2014 북한 종교자유 백서」. 서울: 북한인권정보센터, 2014.

윤여상 외 2인. 「2017 북한 종교자유 백서」. 서울: 북한인권정보센터, 2017.

윤여상·한선영. 「2010 북한 종교자유 백서」. 서울: 북한인권정보센터, 2010.

윤은주. "한국교회의 인권운동과 통일 선교". 「신학과 실천」 44(2015), 447-484.

윤정란. 「한국전쟁과 기독교」. 파주: 한울아카데미, 2015.

윤철호. "공적신학의 주요 초점과 과제". 「한국조직신학논총」 46(2016), 175-214.

자유아시아방송(RFA). "평양 러시아 정교회 사원 리모델링". (2014년 1월 8일).

전석재. "남북 통일을 향한 한국 교회의 역사". 「선교신학」 44(2016), 347-375.

정병호. 「고난과 웃음의 나라: 문화인류학자의 북한 이야기」. 파주: 창비, 2020.

정승우. 「새 시대의 바울」. 서울: 연세대학교 출판문화원, 2022.

정일웅. "교회의 연합정신과 한국교회의 민족통일에 대한 노력". 「민족통일과 개혁신앙」 20(2006).

정일웅. 「북한선교와 남북통일을 위한 섬김의 신학」. 서울: 총신대학교 출판부, 2012.

정지웅. "김일성 저작 집을 통해 본 북한의 기독교 인식과 대응 논리 연구". 「ACTS 신학저널」 40(2019), 425-458.

정지웅. "ACTS 신학과 통일: 교회연합운동과 교회회복운동을 중심으로". 「ACTS 신학저널」 52(2022), 197-233.

정종기. "남북통합목회의 역사와 내용". 「총신대학교 평화통일연구소 2022년 전반기 국내학술 대회」. 서울: 총신대학교 평화통일연구소, 2022.

정종기. 「북한선교개론」. 양평: 아신대학교출판부, 2019.

정종기 외 3인.『남북통합목회의 물결』. 서울: 선한청지기, 2021.

정태혁.『북한의 종교』. 서울: 국토통일원, 1979.

정형신. "남북통합목회의 기초자료-탈북민교회의 현황".『총신대학교 평화통일연구소 2022년 전반기 국내학술대회』. 서울: 총신대학교 평화통일연구소, 2022.

정혜경. "일제말기 조선인 강제연행·강제노동에 관한 기록사료".「사림」 24(2005), 1-42.

조귀삼.『현대사회의 다문화 선교』. 안양: 세계로미디어, 2022.

조요셉.『북한선교의 마중물 탈북자』. 고양: 도서출판 두날개, 2013.

조은식.『통일 선교: 화해와 평화의 길』. 서울: 미션아카데미, 2007.

조은식. "평화통일을 향한 평화선교와 목회".「선교신학」62(2021), 249-277.

주성종.『북녘 선교 연구 방법론』. 서울: CLC, 2022.

GMS국내다문족사역연합체출판부.『이주민 사역과 한국교회』. 서울: 총회세계선교회, 2021.

차준희.『시인의 영성 1』. 서울: 새물결플러스, 2021.

차준희.『시인의 영성 2』. 서울: 새물결플러스, 2022.

채수일.『희년 신학과 통일 희년 운동』. 서울: 한국신학연구소, 1995.

총신대학교 평화통일연구소. "한국교회의 남북통합목회에 관한 연구".「2022년 전반기 국내학술대회」(2022. 6).

최관경. "평화교육에 관한 연구".「부산교대 초등 교육 연구」6(1995).

최봉익.『대현의 불교철학사상』. 평양: 과학원출판사, 1965.

최원진. "통일 한국을 향한 한국 교회의 선교적 사명".「복음과 선교」 26(2014), 149-183.

KAIST 문술미래전략대학원.『카이스트, 통일을 말하다』. 서울: 김영사, 2018.

평화와 통일을 위한 기독교인연대.『하나님은 통일을 원하신다』. 서울: 평통기연, 2013.

평화통일신학연구소.『평화와 통일신학 1』. 서울: 한들출판사, 2002.

태영호.『3층 서기실의 암호』. 서울: 기파랑, 2018.

통계청 장래인구. "UN 세계 인구 전망". (2022. 10. 01. 접속).

통일부. "북한이탈주민의 보호 및 정착지원에 관한 법률(2021년 12월 21일)". https://www.lawnb.com/ Info/ContentView?sid=L000001432. (2022년 11월 1일 접속).

통일부 통일교육원.『2008 북한이해』. 서울: 통일교육원 연구개발과, 2008.

통일부 통일교육원.『2009 북한이해』. 서울: 통일교육원 연구개발과, 2009.

통일부 통일교육원.『2016 북한 이해』. 서울: 통일교육원 연구개발과, 2016.

통일연구원.『북한인권백서 2013』. 서울: 통일연구원, 2013.

하광민. "북한이탈주민을 매개로 하는 북한선교 구도의 변화".「복음과 선교」 48(2019), 359-389.

한국기독교사연구소. "평양대부흥". http://www.1907revival.com/news/
    articleView.html?idxno=10079. (접속일: 2022.11.19.)
한국기독교사회문제연구원. 『정의, 평화, 창조 질서의 보전 세계대회 자료집』.
    서울: 한국기독교사회문제연구원, 1990.
한국기독교역사학회. 『한국기독교의 역사(1)』. 서울: 한국기독교역사연구소,
    2005.
한국기독교역사학회. 『한국기독교의 역사 3』. 서울: 한국기독교역사연구소,
    2009.
한국 교부학 연구회, 『내가 사랑한 교부들』. 왜관: 분도출판사, 2005.
한국문화신학회. 『평화의 신학』. 서울: 도서출판 동연, 2019.
한국문화인류학회. 『처음 만나는 문화인류학』. 서울: 일조각, 2004.
한국본회퍼학회. 『디트리히 본회퍼의 신학사상 연구』. 서울: 동연, 2017.
한기수. 『2019 북한이탈주민 정착실태조사: 발간사』. 서울: 북한이탈주민지원
    재단, 2020.
한만길 외 3인. 『남북한 화해 협력 촉진을 위한 통일교육의 과제』. 서울: 통일
    연구원, 2000.
한반도평화연구원. 『통일에 대한 기독교적 성찰』. 서울: 새물결플러스, 2014.
함석헌. 『평화운동을 일으키자』. 파주: 한길사, 2009.
홍용훈. 『아우구스티누스의 교회론』. 서울: 세움북스, 2022.
황홍렬. 『한반도에서 평화선교의 길과 신학』. 서울: 예영B&P, 2008.
Bainton, Roland H. 『기독교의 역사』. 이길상 역. 서울 : 크리스챤다이제스트,
    1997.
Bainton, Roland H. *Christian Attitudes Toward War and Peace*. Nashville:
    Abingdon, 1960.
Birch, Bruce C. and Rasmussen, Larry L. *Bible and Ethics in the Christian
    Life*. Minneapolis: Augsbrug Fortress, 1989.
Bonhoeffer, Dietrich. 『성도의 공동생활』. 정현숙 역. 서울: 복있는사람,
    2017.
Bonhoeffer, Dietrich. *Nachfolge*. Gutersloh: Gutersloher Verlagshaus,
    2002.
Bonhoeffer, Dietrich. *Ökumene, Universität, Pfarramt* 1931-1932.
    Gütersloh: Gütersliher, 1994.
Bruce, F. F. *The Spreading Flame*. Grand Rapids: Eerdmans, 1958.
Brunner, Emil. 『정의와 사회질서』. 전택부. 서울: 대한기독교서회, 2008.
Calvin, John. 『기독교 강요 4권』. 문병호 역. 서울: 생명의말씀사, 2020.
Danker, Frederick W. 『신약성서 그리스어 사전』. 김한원 역. 서울: 새물결플
    러스, 2017.
Dramm, Sabine. 『본회퍼를 만나다』. 김홍찬 역. 서울: 대한기독교서회, 2013.

Eberstadt, Nicholas. *The North Korea Economy*. NJ: Transaction Publishers, 2007.

Goheen, Michael W. 『교회의 소명』. 이종인 역. 서울: IVP, 2022.

Grasser, Arthur F. & McGavran, Donald A. *Contemporary Theologies of Mission*. Grand Rapids: Baker, 1983.

Groff, Linda. "Religion and Peace, Inner-Outer Dimensions of". *in Encyclopedia of Violence, Peace & Conflict*, ed. Lester Kurtz. Amsterdam: Elsevier, 2008.

Hagemann, Ludwig. 『그리스도교 대 이슬람』. 채수일 역. 서울: 심산, 2005.

Hauerwas, Stanley. 『평화의 나라』 홍종락 역. 서울: 비아토르, 2021.

Hiebert, Paul G. 『21세기 선교와 세계관의 변화』. 임종원 역. 서울: 복있는사람, 2014.

Huber, Wolfgang. "어떤 종료의 평화인가?". 「신학사상」 61(1988), 448-465.

Kelly, Geffrey B. & Nelson, F. Burton. *A Testament to Freedom: The Essential Writings of Dietrich Bonhoeffer*. San Francisco: Harper Collins, 1995.

Kreider, Alan. & Kreider, Eleanor. 『평화교회』. 고영욱 · 김경중 역. 서울: 대장간, 2021.

Leith, John H. 『칼빈의 삶의 신학』. 이용원 역. 서울: 한국장로교출판사, 2002.

Metaxas, Eric. 『디트리히 본회퍼』. 김순현 역. 서울: 포이에마, 2011.

Meyers, Robin. 『언더그라운드 교회: 예수의 철저한 사랑의 길을 따르는 방법』. 김준우 역. 고양: 한국기독교연구소, 2013.

Myers, Bryant L. 『세계선교의 상황과 도전』. 한철호 역. 서울: 선교한국, 2008.

Newbigin, Lesslie. *Signs amid the Rubble: The Purposes of God in Human History*. Geoffrey Wainwright: Eerdmans, 2003.

Nouwen, Henri. *The road to peace*. New York: Orbis Books, 1998.

Ozments, S. *Protestants*. NY: Doubleday, 1992.

Peter R. L. Brown, *Augustine of Hippo: a biography*. Berkeley & Los Angeles: University of California Press, 2000.

Renna, Thomas. "The Idea of Peace in the West, 500-1150". *Journal of Medieval History* 6(1980/2), 143-167.

Rohrs, Hermann. 『평화 교육학』. 김건환 역. 서울: 배영사, 1984.

Schlingensiepen, Ferdinand. *Dietrich Bonhoeffer, 1906-1945: Eine Biographie*. Munich: C, H. Beck, 2006.

Schreite, Robert J. *Reconciliation*. Maryknoll: Orbis Books, 1992.

Stroud(Ed.), Dean G. 『역사의 그늘에 서서: 히틀러 치하 독일 신학자들의 설교』. 진규선 역. 서울: 감은사, 2022.

Suk-Sung, Yu, *Christologische Grundentscheidungen bei Dietrich Bonhoeffer*. Tubingen: University of Tubingen, 1990.

Yoder, John H. *The Politics of Jesus*. Grand Rapids: Eerdmans, 1994.

Volf, Miroslav. *Exclusion and Embrace*. Nashville: Abindon Press, 1996

Yamamori, Tetsunao. & Tira, Sadiri Joy 편저.『디아스포라 선교학』. Harry Kim·문창선 역. 서울: 더메이커, 2018.

Wansbourgh, Henry. "Blessed are the Peacemakers". *The Way* 22 (1982, 1), 10-17.

Wolterstorff, Nicholas. *Until Justice and Peace Embrace*. Grand Rapids: Eerdmans, 1987.